W0052442

PIA MESTER

DAS LASS ICH *los!*

PIA MESTER

DAS LASS ICH los!

Sich von innerem und äußerem Ballast befreien

SCORPIO

INHALT

Drittes Kapitel

HERZLICH WILLKOMMEN!

»Jetzt lass einfach los«, sagte der Bademeister hinter mir, schon leicht genervt. Meine Finger krampften sich um die feuchte Metallstange, meine Arme wurden immer länger. Ich blickte unter mich: Dort erwartete mich ein gelbes Loch, die ersten Meter der Looping-Wasserrutsche, auf die ich mich so gefreut hatte. Doch jetzt baumelte ich an dieser Stange und konnte einfach nicht loslassen. Eine gefühlte Ewigkeit.

Irgendwann wurde mir klar, dass es nur einen Weg gab, und der ging nach unten. Ich atmete tief durch, fasste all meinen Mut zusammen – und ließ los! Es folgten zehn Sekunden Herzklopfen und Hochgefühle. Danach habe ich mich noch einige Male in die gelbe Röhre fallen lassen. Mit jedem Mal wurde ich furchtloser.

RUCKSACK VOLLER BALLAST

Loslassen ist oft ganz schön schwer. Nicht nur, wenn es um Wasserrutschen geht. Wir klammern uns an Dinge, an Gewohnheiten, an Vorstellungen, an Verpflichtungen, die uns auf Dauer nicht guttun. Die Angst davor, was passieren könnte, wenn wir einfach loslassen würden, ist viel zu groß. So sammeln wir mit den Jahren immer mehr Ballast an, der uns lähmt, uns zurückhält. Als wanderten wir auf einem schmalen Pfad gen Berggipfel und würden unseren Rucksack ununterbrochen mit Kleinigkeiten füllen, die wir am Wegesrand finden. Mit jedem Schritt wird der Aufstieg schwerer. Leider hat das Loslassen in unserer westlichen Kultur nicht gerade viele Anhänger. Wir sehen mehr Sinn darin, Dinge anzuhäufen und jede Minute unseres Lebens produktiv zu nutzen, anstatt Freiraum zu schaffen. Loslassen ist daher keine Lösung, an die wir sofort denken, wenn wir Probleme haben. Ganz anders sieht die Sache in anderen Kulturen, besonders in Asien, aus. Dort wissen die Menschen schon lange, dass Loslassen eine Tugend ist.

Loslassen erfordert Mut!

Oft ist es auch Furcht, die uns dazu verleitet, uns an unnütze Gegenstände und überholte Gedanken zu klammern. Denn wir wissen nicht, was danach passiert. Vielleicht brauchen wir die Ersatz-Gummistiefel doch noch mal. Vielleicht nehmen es uns die ehemaligen Schulfreunde übel, wenn wir nicht mehr jedes Jahr zum Klassentreffen kommen. Und vielleicht wäre aus dem beruflichen Projekt doch noch etwas geworden, wenn wir uns nur ein bisschen mehr angestrengt hätten. Loslassen erfordert Mut und auch ein wenig Risikofreude.
Es gibt viele Gründe, warum wir uns mit dem Loslassen so schwertun. Vieles ist anerzogen, einiges angeboren, weniges haben wir uns selbst ausgesucht. Doch das Gute ist: Die meisten dieser Gründe existieren nur in unseren Köpfen. Wenn wir wollen und uns bemühen, können wir sie von dort vertreiben.

WERTSCHÄTZEN, WAS BLEIBT

Um Missverständnissen vorzubeugen: Loslassen bedeutet nicht, alle Ängste zu besiegen, sich von allem Besitz zu befreien und fortan in stoischer Ruhe das Leben an sich vorbeiziehen zu lassen. Viel wichtiger als das, was Sie loslassen, ist das, was Sie behalten möchten. Die

Fähigkeit, loszulassen, ist ein Werkzeug, um sich von Überflüssigem zu befreien und so den Dingen, die bleiben, mehr Wertschätzung entgegenbringen zu können.

In diesem Buch erfahren Sie, wie das Loslassen Ihr Leben vereinfachen und kurioserweise auch bereichern kann. Sie bekommen Tipps, in welchen Lebensbereichen Sie sich einmal umschauen sollten, und erhalten Strategien, mit denen Sie das Loslassen üben können.
Was Sie davon umsetzen, liegt ganz bei Ihnen. Jeder Mensch hat seinen eigenen Ballast zu schleppen und niemand kann ihm sagen, was davon nützlich und was überflüssig ist.

»⟶

Erstes Kapitel

Vom Ballast, den Sie mit sich herumschleppen

In diesem Kapitel erfahren Sie:

Woran Sie immer wieder
kleben bleiben

»

Warum Sie die Kontrolle ruhig mal
abgeben können

»

Warum es gar nicht so schlecht ist,
mit dem Strom zu schwimmen

»

Wie Sie mit
Veränderungen umgehen

ANHAFTUNG – WORAN SIE KLEBEN

Denkt man an den Begriff »Loslassen«, hat man wahrscheinlich sofort ein bestimmtes Bild vor Augen: Eine Hand, die etwas festhält und sich dann öffnet. Loslassen bedeutet, sich bewusst dafür zu entscheiden, eine Sache aus der Hand zu geben.

Die zupackende Hand zeigt aber auch, warum Loslassen so wichtig ist: Zupacken, etwas festhalten, erfordert Kraft. Außerdem lähmt es uns, denn eine Hand, die etwas festhält, ist in diesem Moment zu nichts anderem zu gebrauchen. In unserem Leben klammern wir uns oft an so vieles, dass wir manchmal sogar bewegungsunfähig werden. Oft sind es materielle Gegenstände. Was uns viel stärker bremst, sind all die Dinge, denen wir eine Bedeutung beimessen. Denn damit geben wir ihr auch Macht über unsere Gefühle und damit letztlich auch über unsere Lebensentscheidungen. Es ist somit wichtig, sich der Dinge bewusst zu sein, die für einen selbst von Bedeutung sind.

Im Laufe unseres Lebens laden wir immer mehr Dinge mit Bedeutung auf. Als Kind war es uns noch ziemlich egal, was andere Menschen von uns dachten, und ob wir unseren eigenen Ansprüchen und denen der anderen genügten. Als Erwachsene hingegen orientieren wir uns oft an solchen Werten. *Der erste Schritt auf einem Weg zu einem leichteren Leben ist der Blick nach innen.*

Doch wie sollen Sie wissen, was Sie loslassen können, wenn Sie gar nicht wissen, was Sie belastet?

WENN IHR LEBEN EIN HOCHHAUS WÄRE …

Fragen Sie sich also zuerst, was in Ihrem Leben alles von Bedeutung ist. Wovon träumen Sie? Was wünschen Sie sich für die Zukunft? Und was macht Ihnen Angst? Starke Gefühle sind ein guter Hinweis, dass hier eine besonders große Bedeutung vorliegt.

Fangen wir mit den Ängsten an. Es gibt einige grundlegende Ängste, die wohl jeder von uns kennt: Die Angst vor Krankheit, dem Tod, vor dem Verlust geliebter Menschen zum Beispiel. Kaum jemand kann diesen Dingen gelassen ins Auge sehen. Stellen Sie sich ein Hochhaus vor, sind diese Ängste der Keller. Bei allen Etagen oberhalb sieht es schon individueller aus. Viele Menschen sorgen sich zum Beispiel darum, Anerkennung zu verlieren, einsam zu sein oder in wirtschaftliche Not zu geraten. Auch diese Ängste sind noch sehr grundlegend und damit nicht einfach zu ignorieren.

WELCHE ÄNGSTE WOHNEN IM PENTHOUSE?

Gehen wir noch eine Ebene höher. Welche Ängste finden Sie hier? Vielleicht die Angst, Ihr Aussehen, Ihren Job oder Ihren Besitz zu verlieren? Auch damit sind Sie nicht allein.

Nun sind wir fast an der Spitze des Hochhauses angelangt, dem Penthouse, in dem wir uns am liebsten aufhalten. Hier befinden sich all die kleinen, oft banalen und alltäglichen Ängste. Die Angst, zu spät zu einem Termin zu kommen. Die Angst, sich zu blamieren. Die Angst, das Essen anbrennen zu lassen. Diese Gefühle sind vielleicht weniger stark als die grundlegenden Ängste, dennoch füllen sie unseren Alltag und lenken damit auch unser Handeln. Nehmen Sie sich einen Moment Zeit und zeichnen Sie Ihren ganz persönlichen Angst-Wolkenkratzer. Je besser Sie Ihre Ängste kennen, desto leichter können Sie damit umgehen.

WÜNSCHE UND TRÄUME

Aber nicht nur Ängste, sondern auch Wünsche und Träume können uns das Leben schwer machen. »Wünsche und Träume sind doch etwas Positives«, denken Sie sich jetzt vielleicht. »Wieso sollte ich sie loslassen?« Natürlich sind Wünsche und Träume etwas Gutes. Negativ sind eher die Begleiterscheinungen: Enttäuschung, Selbstzweifel und Wut, wenn unsere Wünsche sich hartnäckig weigern, Realität zu werden. Das Hochhaus Ihrer Wünsche und Träume liegt übrigens gleich neben Ihrem Angst-Hochhaus. Sie bewohnen sozusagen beide Häuser. Montags das eine, dienstags das andere …

Viele grundlegende Wünsche werden uns erst dann bewusst, wenn auf einmal verloren geht, was uns zuvor selbstverständlich schien. Jemand, der eine schlimme Krankheit hinter sich hat, weiß den Wert von Gesundheit erst so richtig zu schätzen. Und Menschen, die hungern, freuen sich über jedes noch so einfache Essen.

Die Idee mit den Ebenen stammt übrigens von dem amerikanischen Psychologen Abraham Maslow (1908–1970). Er beschreibt damit menschliche Bedürfnisse und Motivationen in Form einer Pyramide. Solange die körperlichen Bedürfnisse am Fuß der Pyramide – Essen, Trinken, Kleidung, Schutz vor dem Wetter – nicht gestillt sind, so sagt er, stehen alle Bedürfnisse auf höheren Ebenen im Hintergrund.

Sie sind der Innenarchitekt Ihres Lebens!

Wandern wir von den Grundbedürfnissen also ein paar Etagen nach oben. Vorbei an den Wünschen nach Gesellschaft und persönlicher Entfaltung bis ganz weit an die Spitze. Stellen Sie sich diesen Bereich wie Ihr Wohnzimmer vor: Sie haben es eingerichtet. Statt mit Möbeln, Gardinen und Gemälden haben Sie diesen Raum jedoch mit Bedeutungen ausgestattet. Welche Wünsche sehen Sie?

ZEIT ZUR REFLEXION

Ich gebe Ihnen mal einen Einblick in mein Wohnzimmer. Kürzlich erst habe ich es neu eingerichtet. Früher, besonders in meiner Jugend, hing das Bild einer weitaus attraktiveren und schlankeren Version meiner Selbst an der Stirnseite, wo ich es immer gut sehen konnte. Ich bewahrte in meinem Wohnzimmer auch den Wunsch nach einem schicken Neuwagen und den Traum von einer Weltreise auf.

Da saß ich also in diesem Raum, umgeben von Wünschen und Träumen, und war traurig, weil nichts davon echt war. Der Bildband mit der Weltreise war eben nur ein Buch, der Neuwagen ein Spielzeug, und das Bild von mir nur eine Leinwand mit Farbe.

Würde ich das Bild, das Spielzeugauto und den Bildband einfach in die Abstellkammer schaffen, würde es mir in meinem Wohnzimmer sicherlich sehr viel besser gehen.

Oben wohnt die Freiheit!

Aber wissen Sie was? Es sind Ihre Häuser. Sie können sie einrichten, wie Sie wollen. Natürlich braucht Ihr Haus einen Keller, der sich nicht groß von dem anderer Häuser unterscheiden wird. Doch je höher Sie kommen, desto mehr Freiheit haben Sie. Ihr Penthouse muss nicht aussehen wie das Ihres Nachbarn oder wie meins. Richten Sie es ein, wie es Ihnen gefällt!

Das Wichtigste ist nämlich, dass Sie sich in allen Etagen aufhalten können. Die Räume müssen Ihnen nicht alle gefallen. Den Keller, in dem Ihre grundsätzlichen Ängste und Wünsche lagern, betreten Sie wahrscheinlich weniger gerne als das Penthouse. Doch wenn Sie dort hinuntermüssen, dann tun Sie es. Sie schrecken nicht vor den untersten Etagen zurück, denn Sie wissen, dass diese das Fundament sind, auf denen der Rest Ihres Wolkenkratzers ruht. Sie haben Angst, Ihren Keller zu betreten? Das ist ein sicheres Anzeichen, dass Sie hier etwas finden, das Sie loslassen sollten.

Was ich Ihnen mit diesem Beispiel verdeutlichen wollte, ist eigentlich ganz simpel: Achten Sie sorgsam darauf, welchen Dingen Sie in Ihrem Leben Bedeutung geben. Es wird immer welche geben, die Sie sich wünschen oder die Sie fürchten, ohne etwas dagegen tun zu können. Doch gleichzeitig gibt es auch zahlreiche Dinge, die eigentlich bedeutungslos sind und erst dadurch an Wichtigkeit gewinnen, dass Sie sie an Ihre Wand hängen. Ob Sie sich in Ihrem Leben wohlfühlen, hängt sehr davon ab, wie Sie die Welt um sich herum gestalten.

SIE KÖNNEN DIE WELT NICHT KONTROLLIEREN

Ein Mann klatscht alle zehn Sekunden in die Hände. Als er gefragt wird, warum er das tut, antwortet er: »Um die Elefanten zu verscheuchen.«
»Aber hier sind doch überhaupt keine Elefanten!«
»Eben.«

Ich habe über dieses Beispiel aus Paul Watzlawicks Buch *Anleitung zum Unglücklichsein* sehr geschmunzelt. Sie auch? Das Verhalten des Mannes wirkt nämlich ziemlich irrational. Trotzdem kommt es mir sehr bekannt vor.

LEHRMEISTER GLÜCKSSPIEL

Vor einigen Jahren war ich in einem Casino. Ich spielte Roulette. Roulette ist einfach: Man legt seine Jetons auf ein Feld, schaut zu, wie die Kugel durch den Roulettekessel wirbelt und wartet darauf, was passiert. Beim Roulette hat man als Spieler keinen Einfluss auf das Ergebnis. Natürlich kann man seine Jetons strategisch verteilen, aber letztlich fällt die

Kugel auf genau eine Zahl und eine Farbe.

Nun stand ich an so einem Tisch und gewann gleich beim ersten Spiel. Ich war endorphindurchflutet und sah mich schon Champagner für alle ausgeben. Beim nächsten Mal verlor ich. Im Spiel darauf auch. Ich wechselte den Tisch und verlor weiter. Schließlich ging ich zurück zum ersten Tisch und gewann wieder ein wenig. Von da an blieb ich an diesem Tisch. Ich glaubte, mit dieser Wahl mein Glück beeinflussen zu können. Am Ende des Abends waren alle meine Jetons weg. Natürlich.

Ich war auf etwas hereingefallen, das sich Kontrollillusion nennt: die irrige Annahme, dass ich den Lauf der Welt und damit mein Schicksal beeinflussen kann.

LASSEN SIE DIE KONTROLLE LOS

Wir versuchen ständig, Risiken zu vermeiden, gesund zu leben, uns richtig zu verhalten, und doch kann alles schiefgehen. Sie rackern sich jahrelang ab, um Ihrem Chef zu zeigen, wie gut Sie sind, doch dann gerät die Branche in Schieflage, und Ihre Firma muss Sie entlassen. Sie haben sich so auf die Grillparty gefreut und geniale Gerichte vorbereitet,

doch dann regnet es. Sie tun alles für Ihre Ehe und doch merken Sie irgendwann, dass Sie Ihren Partner nicht mehr lieben. Und er Sie auch nicht.

Manchmal bekommen wir einen Einblick in unsere Machtlosigkeit. An diesem Punkt haben wir zwei Möglichkeiten: Entweder strengen wir uns noch mehr an oder wir akzeptieren, dass die Kontrolle über unser Leben begrenzt ist.

Der Mann aus dem Beispiel zu Beginn glaubt zwar, mit seinem Klatschen die Elefanten verscheuchen zu können, dabei fällt er nur auf die Kontrollillusion herein. Sie ahnen es schon: Da sind gar keine Elefanten. Und sie erscheinen auch dann nicht, wenn der Mann aufhört zu klatschen.

Erkennen Sie den Punkt, bis zu dem Sie Einfluss auf etwas nehmen können. Danach lassen Sie die Kontrolle los.

Würde jemand den Mann über seine Illusion aufklären, bräche für ihn wahrscheinlich eine Welt zusammen. Das ist verständlich. Er hat sich über eine lange Zeit angestrengt und fest daran geglaubt, dass nur er die Elefanten verscheuchen kann, und dann muss er feststellen, dass er niemals auch nur den geringsten Einfluss hatte. Oft trifft uns diese Erkenntnis wie ein Schlag. Denn viele Dinge, besonders schwere Schicksalsschläge, kann man nicht einfach so akzeptieren. »Was soll's? Ich konnte nichts machen, Schwamm drüber!« Nein, so einfach ist das nicht. Das kann nämlich schnell zu einer Haltung nach dem Motto führen: »Ich kann ja eh nichts ändern, also muss ich mich auch nicht mehr bemühen.« Das ist, als würden Sie bei 200 km/h auf der Autobahn einfach die Hände vom Steuer nehmen.

Was können Sie also tun, wenn Sie im Stau stehen und absehbar zu spät oder gar nicht an Ihr Ziel kommen? Gelassen bleiben. Ärgern Sie sich nicht, sondern akzeptieren Sie, was Sie nicht ändern können. Geben Sie die Kontrolle über eine Sache ab, die Sie sowieso nicht beeinflussen können. Entspannen Sie sich.

Dabei hilft auch eine große Portion Vertrauen: In Gott, das Universum, das Schicksal, oder an welche höhere Macht auch immer Sie glauben.

Ich möchte Sie in diesem Buch nicht dazu ermutigen, die Kontrolle über Ihr Leben abzugeben. Sie haben es nämlich zu einem Großteil selbst in der Hand, wie Ihr Leben verläuft. Sie bestimmen das Ziel, die Route, das Gefährt, die Geschwindigkeit, die Mitreisenden und die Musik im Auto. Nur ob Sie zwischendurch auf einen Stau treffen oder Sie unerwartet einen Platten haben, das können Sie nicht beeinflussen.

Vertrauen Sie darauf, dass das Leben Sie trägt. Und dass am Ende, nach allen Strapazen, Ärgernissen und Schicksalsschlägen, schon alles gut werden wird.

ERST ZULASSEN, DANN LOSLASSEN

Übung

1. Beobachten Sie sich selbst

»——→ Beobachten Sie Ihre Gedanken und Gefühle, ohne sie zu bewerten. Starke Gefühle oder der Drang, einen Gedanken zu vermeiden, sind Hinweise, dass Sie hier ansetzen sollten.

2. Hinterfragen

»——→ Warum halten Sie an einem Denkmuster oder einer Gewohnheit fest? Was haben sie bisher für Sie getan? Fragen Sie sich aber auch, warum Sie diese Dinge belasten und warum Sie sie bisher nicht loslassen konnten.

3. Akzeptieren

»——→ Damit Sie loslassen können, müssen Sie zunächst einmal zulassen. Akzeptieren Sie sich selbst und Ihre Situation so, wie sie sind. Die Dinge, die Sie belasten, sind weder gut noch schlecht.

4. Bewusst loslassen

»——→ Um geistig loszulassen, müssen Sie körperlich loslassen. Entspannen Sie sich, indem Sie sich auf jeden einzelnen Körperteil konzentrieren und bewusst loslassen. Besonders oft verspannen wir uns im Kiefer und in den Schultern. Ballen Sie die Hände zur Faust und öffnen Sie sie wieder. Wiederholen Sie dabei die Worte: »Lass los!« Denken Sie nun an die Sache, die Sie loslassen möchten. Stellen Sie sich vor, wie sie wie eine Wolke am Horizont verschwindet.

WANN KONTROLLE GUT IST UND WANN NICHT

Praxistipps

Justin Bieber ist ein kanadischer Popsänger im besten Teenie-Idol-Alter. Seine Karriere begann damit, dass Mama Bieber Videos ihres singenden Knirpses auf der Internet-Plattform Youtube hochlud. Der niedliche singende Junge begeisterte erst die Zuschauer der Videos und später die Plattenbosse. Heute ist Justin Bieber ein internationaler Star. Nele Neuhaus schreibt Krimis, die in ihrer Heimat, dem Taunus, spielen. Ihre ersten Bücher wollte kein Verlag haben, also veröffentlichte sie sie selbst und verkaufte sie unter anderem in der Metzgerei ihres Mannes. Heute wird jedes ihrer Bücher auf Anhieb ein Bestseller. Die beiden haben etwas gemeinsam: Sie haben ihre Glücksoberfläche vergrößert. Das bedeutet, dass sie (oder die Mutter) alles in ihrer Macht Stehende getan haben, um entdeckt zu werden. Manche Menschen vertrauen aufs Glück, andere nehmen es selbst in die Hand. Allerdings gibt es bei beiden Methoden keine Garantie, dass es gelingt. Es gibt Tausende talentierte Sänger und Schriftsteller da draußen, die sich genauso oder noch mehr abstrampeln als Nele Neuhaus und Justin Bieber, und doch niemals Erfolg haben werden.

Über Erfolg oder Misserfolg haben wir genauso wenig Kontrolle wie über das Glück. Wir können nur dafür sorgen, dass uns das Glück nicht durch die Lappen geht, wenn es zufällig mal vorbeikommt.

Im vorherigen Kapitel habe ich ja schon einmal angedeutet, dass wir zwar keine Kontrolle über unser Leben haben, Sie deshalb aber noch lange nicht resigniert die Hände in den Schoß legen und von nun an gar nichts mehr tun sollten. Ganz nach dem Motto: »Es bringt ja eh nichts! Warum soll ich mich also anstrengen?« Wer es versucht, kann scheitern. Wer es nicht versucht, ist schon gescheitert. Oder anders gesagt: Wer nicht anfängt zu singen, wird niemals Popstar. Wer kein Buch schreibt, niemals Bestsellerautorin.

Was können Sie tun?

⭐ Fragen Sie sich: Was kann ich tun, um mein Ziel zu erreichen? Recherchieren Sie, was alles dafür nötig ist. Was müssen Sie tun, können und wissen?

Erstellen Sie einen Plan!

⭐ Machen Sie sich einen detaillierten Plan mit kleinen, machbaren Schritten, die Sie Ihrem Ziel näherbringen. Wollen Sie beispielsweise Popstar werden, wäre Gesangsunterricht ein guter Anfang. Übrigens schlagen Sie damit zwei Fliegen mit einer Klappe. Es ist wissenschaftlich belegt, dass das Gefühl einer gewissen Kontrolle motivierend wirkt. Und ein detaillierter Plan beruhigt und macht einen klaren Kopf.

Tun Sie es!

⭐ Der beste Plan nützt nichts, wenn man ihn nicht in die Tat umsetzt. Versuchen Sie, Ihrem Ziel jeden Tag ein Stück näherzukommen. Fragen Sie sich jeden Abend: Was habe ich heute für mein großes Ziel getan?

Loslassen und Vertrauen

⭐ Tja, und dann heißt es loslassen. Irgendwann haben Sie alles getan, was Sie konnten. Nun müssen Sie die Kontrolle wieder abgeben und darauf vertrauen, dass Ihre Arbeit Früchte tragen wird.

Aufstehen, Krönchen richten, weitermachen

⭐ Und wenn nicht: Nehmen Sie es locker, und versuchen Sie es weiter. Jeder Versuch vergrößert Ihre Glücksoberfläche.

Wenn du ETWAS loslässt,
bist du etwas glücklicher.
Wenn du VIEL loslässt,
bist du viel glücklicher.
Wenn du GANZ LOSLÄSST,
BIST DU FREI.

Ajahn Chah

WIE SIE IM FLUSS BLEIBEN

An einem heißen Spätsommertag vor einigen Jahren unternahm ich gemeinsam mit ein paar Freunden eine Kanutour an einem kleinen, flachen, ruhigen Fluss. Wir zwängten uns in die Neopren-Anzüge, schnallten die Boote auf einen Anhänger und fuhren flussaufwärts zu einer Anlegestelle. Dort legten wir die Kanus aufs Wasser, setzten uns hinein und ließen uns von der Strömung den Fluss hinuntertragen. Ab und zu korrigierten wir mit den Paddeln die Richtung, doch die meiste Zeit genossen wir die Aussicht und plauderten. Wir passierten die Anlegestelle, von der wir gestartet waren, und fuhren noch ein Stück weiter.

Irgendwann kamen wir an ein Wehr und beschlossen, umzukehren. Ab da wurde es anstrengend. Es waren nur ein paar Meter zurück zu unserem Ziel, doch es kam mir vor wie der gesamte Nil. Jeden Zentimeter mussten wir uns hart erkämpfen. Hielten wir inne, ergriff uns sofort die Strömung und machte so alle Mühen zunichte.

Es gibt Menschen, denen macht es Spaß, sich vollkommen zu verausgaben. Mir nicht. Ich jogge nicht, ich spaziere. Und ich fahre nie wieder mit einem Kanu flussaufwärts.

MIT DEM STROM SCHWIMMEN

Mit dem Strom zu schwimmen hat in unserem Sprachraum einen schalen Beigeschmack. Es klingt nach Gleichförmigkeit, nach Meinungslosigkeit. Wer gegen den Strom schwimmt, der lehnt sich auf. Der steht für sich ein, auch wenn das Kraft kostet. In der chinesischen Denktradition hingegen steht das fließende Wasser sinnbildlich für ein kluges und harmonisches Leben. Alles ist im Fluss, ständig. Wir verändern uns, die Welt um uns herum verändert sich. Bewegung ist Leben, Stillstand der Tod. Warum sich also gegen diesen Lebensfluss wehren?

Versuchen Sie doch mal, ganz stillzustehen. Halten Sie den Atem an, nur für ein paar Sekunden. Bewegen Sie sich nicht.

Zwingen Sie all Ihre Muskeln dazu, ihre Arbeit einzustellen.

Ups, Ihr Herz schlägt ja noch. Ich weiß es ganz genau, sonst könnten Sie diese Zeilen nämlich nicht lesen. Aber auch wenn Sie die Kraft eines tibetischen Mönches haben und Ihre Körperfunktionen allein durch die Kraft Ihrer Gedanken verlangsamen können, kommen Sie doch nie ganz zum Stillstand. Nebenbei bemerkt dreht sich die Erde ständig in rasender Geschwindigkeit um sich selbst und kreist in einer noch unvorstellbareren Geschwindigkeit um die Sonne. Stillstand ist unmöglich, egal wie sehr Sie das auch wollen. Es lässt sich nicht erzwingen. *Wieso glauben wir also, dass sich einmal festgelegte Dinge nicht ändern dürfen? Warum versuchen wir, Ergebnisse gegen enorme Widerstände zu erzwingen?*

Wasser ist ein tolles Element: Es passt sich jeder Form an, umfließt jedes Hindernis und kommt in jede noch so kleine Ritze. Ja, es kann sogar seinen Aggregatzustand verändern: fest, flüssig oder gasförmig. Das ist auch der Grund dafür, dass es so unaufhaltsam ist.

Seien Sie wie Wasser!

Nein, Sie müssen jetzt nicht drei Liter Mineralwasser auf einmal trinken. Damit meine ich, dass Sie Ihre Anpassungsfähigkeit trainieren. Lernen Sie, die Kraft des Stroms für sich zu nutzen, anstatt sich dagegen zu wehren. Dazu haben Sie jeden Tag die Chance.

Stellen Sie sich vor, Ihr Chef kommt morgens in Ihr Büro und knallt Ihnen eine

Aufgabe auf den Tisch, auf die Sie so überhaupt keine Lust haben. Etwas, wovor sich alle anderen Kollegen drücken. Nun haben Sie zwei Möglichkeiten:

1. Möglichkeit: Sie versuchen, die Aufgabe loszuwerden. Sie bezirzen Ihre Kollegen oder drohen ihnen mit Liebes- und Kaffee-Entzug, damit man Ihnen die Aufgabe abnimmt. Wenn das nicht klappt, gehen Sie zu Ihrem Chef und versuchen dieselben Strategien bei ihm. Das kostet Sie viel Zeit, Kraft und Selbstachtung. Und die Aussichten sind ziemlich ungewiss.

2. Möglichkeit: Sie versuchen, die ungeliebte Aufgabe in einem neuen Licht zu betrachten. Vielleicht gibt es ja ein paar Aspekte, die Ihnen Spaß machen. Dann konzentrieren Sie sich darauf. Motivieren Sie sich selbst, die Aufgabe so gut es geht zu erledigen. Seien Sie stolz auf Ihre Fähigkeiten und Leistungen. Je positiver Sie der Sache gegenüberstehen, desto schneller ist sie erledigt. Und dabei haben Sie auch noch Kraft, Energie und Selbstachtung gespart.

Welcher der beiden Wege ist also sinnvoller? Ich würde ja auf Nummer 2 tippen. Allerdings: Überfährt Ihr Chef Sie öfter mit schrecklichen Aufträgen und zeigen Ihnen die Kollegen ständig die kalte Schulter, dürfen Sie ruhig mal zur Sturmflut werden. Nachgiebig zu handeln bedeutet nicht, alles mit sich machen zu lassen.

Stellt sich also die Frage: Wann sollen Sie nachgeben, und wann bleiben Sie besser standhaft? Meine persönliche Formel lautet:

Sie können ruhig den Weg des geringsten Widerstandes gehen, solange Sie Ihr Ziel nicht aus den Augen verlieren.

Stellen Sie sich Ihr Ziel als Hügel in der Ferne vor. Sie laufen in Richtung dieses Hügels, setzen unaufhörlich einen Fuß vor den anderen. Auf einmal stehen Sie vor einem Zaun. Sie könnten drüberklettern oder drumherum gehen. Sie wägen die Möglichkeiten ab: Ein Weg um den Zaun herum kostet vielleicht mehr Zeit, aber dafür ist es weniger anstrengend und die Chance ist größer, dass Sie sich nicht verletzen.

Sie gehen weiter, Schritt für Schritt auf den Hügel zu und stoßen auf einen Graben. Es gibt keine Brücke über den Graben. Der einzige Weg auf die andere Seite führt mitten durch ihn hindurch. Also beißen Sie die Zähne zusammen und beginnen mit dem Abstieg. Auf der anderen Seite angekommen, das

Manchmal spielt uns das Leben übel mit. Nichts klappt, niemand mag uns, wir können uns selbst nicht mehr leiden, und überhaupt ist alles blöd. In solchen Situationen hilft es, sich daran zu erinnern, dass alles in ständigem Wandel ist. Schlechte Zeiten gehen vorüber, zum Glück. Genauso wie gute Momente, leider. Das ist vielleicht nicht der Sinn des Lebens, aber doch sein Wesen. Akzeptieren Sie das, und lassen Sie die Vorstellung los, Ihren Weg schon zu kennen, bevor Sie ihn bis zum Ende gegangen sind.

Diese Einstellung wird Ihnen eine Menge neuer Möglichkeiten und Eindrücke bescheren, die Ihnen mit Ihrem verengten Blickfeld vorher verwehrt geblieben sind. Denn wenn Sie Ihren Blick weg von dem unmittelbaren Weg vor Ihren Füßen hin auf den Hügel am Horizont lenken, sehen Sie all die schönen Dinge in Ihrer Umgebung. Den Jeep hätten Sie vielleicht gar nicht bemerkt, wenn Sie nur auf Ihre Füße gestarrt hätten.

Gesicht nass vom Schweiß und die Arme wabbelig wie Wackelpudding, schleppen Sie sich erschöpft weiter. Plötzlich hält neben Ihnen ein Geländewagen, der zufällig in Ihre Richtung fährt. Der Fahrer fragt Sie, ob er Sie ein Stück mitnehmen soll. Natürlich steigen Sie ein! Die nächsten Kilometer entspannen Sie sich und genießen die Aussicht in der Gewissheit, Ihrem Ziel rasend schnell näherzukommen. Sie wissen, dass Sie irgendwann wieder aussteigen müssen, aber jetzt in diesem Moment ist Ihre Welt in Ordnung.

Egal, was passiert: Gehen Sie weiter. Dann werden Sie wahrscheinlich auch irgendwann ankommen.

Lassen Sie los und erlauben Sie dem Fluss des Lebens, Sie mitzureißen!

SICH TREIBEN LASSEN

Übung

Fällt es Ihnen oft schwer, die Kontrolle abzugeben? Unternehmen Sie nichts ohne Plan? Müssen Sie immer genau über alle Eventualitäten Bescheid wissen? Dann ist es höchste Zeit, dass Sie die Kunst des Sich-treiben-Lassens erlernen.

Anfangs wird sich das Treibenlassen vielleicht anfühlen wie ein Sprung ins kalte Wasser. Doch schon nach ein paar Versuchen werden Sie spüren, wie die Endorphine Sie durchfluten und wie Ihr Vertrauen in das Leben wächst. Gelegenheiten, sich treiben zu lassen, gibt es überall.

Das Wochenende

⭐ Vor Ihnen liegt ein Wochenende ohne Termine. Anstatt sich schon am Mittwoch Gedanken darüber zu machen, was Sie an diesen zwei freien Tagen alles erledigen könnten, steigen Sie am Samstagmorgen ins Auto oder den Zug und fahren einfach los. Egal, wohin.

Die Heimfahrt

⭐ Menschen sind Gewohnheitstiere. Deshalb nehmen wir immer dieselben Trampelpfade. Nur heißen diese bei uns Gehwege, Autobahnen oder U-Bahn-Verbindungen. Wenn Sie das nächste Mal Ihre ausgetretenen Wege einschlagen wollen – zum Beispiel bei der Heimfahrt von Ihrem Arbeitsplatz – halten Sie inne und tun Sie es nicht. Sie wollten doch schon immer wissen, wo diese Landstraße hinführt, also probieren Sie es aus! Und wenn Sie statt der U-Bahn den Bus nehmen, entdecken Sie vielleicht Gegenden in Ihrer Stadt, die Sie bis jetzt noch nicht kannten.

Der Stadtbummel

⭐ Wenn Sie in die Stadt gehen, dann mit einem genauen Plan: Erst Geschäft A, dann Laden B, eine kurze Pause in Café C und schließlich noch einen Blick in Galerie D werfen. Warum tun Sie das eigentlich genau so und nicht anders? Gefällt Ihnen Ihre Routine überhaupt? Oder möchten Sie nicht lieber sofort Café C ansteuern und bei einem Cappuccino und einem Stück Marzipantorte den ganzen Nachmittag über die Passanten beobachten? Dann tun Sie das!

Der Spaziergang

⭐ Bewegung an der frischen Luft ist gesund. Deshalb gehen oder laufen Sie auch regelmäßig los. Für Ihre Standardstrecke brauchen Sie genau eine Stunde. Sie kennen jede Anhöhe, jeden Aussichtspunkt und jeden Stein auf Ihrem Weg. Doch immer wenn Sie an dieser einen Kreuzung vorbeikommen, bleiben Sie kurz stehen. Wo dieser Weg wohl hinführt? Finden Sie es heraus!

Noch ein paar Tipps, damit Sie das Sichtreiben-Lassen auch wirklich genießen können:

1. Denken Sie nicht, handeln Sie. Folgen Sie Ihrem ersten Impuls, ohne ihn zu hinterfragen.
2. Nicht recherchieren: Lassen Sie Ihr Smartphone in der Tasche und den Stadtplan zu Hause.
3. Werten Sie nicht: Es gibt kein gut oder schlecht. Akzeptieren Sie Ihre Entdeckungen so, wie sie sind.
4. Keine Erwartungen: Vielleicht erleben Sie etwas Wunderbares, vielleicht wird Ihre kleine Entdeckungstour auch stinklangweilig. Na und?
5. Staunen Sie: Die Welt ist voller Wunder. Nehmen Sie nicht alles als selbstverständlich hin.

Sie sehen, es gibt viele Möglichkeiten, spontan seinen Gefühlen oder der eigenen Neugier zu folgen und dabei Wunderbares zu entdecken.

WAS STÖRT MEINEN FLUSS?

Sind Sie in Ihrem Fluss, fällt Ihnen alles leicht. Sie sind gelassen und es scheint fast so, als geschähen genau die richtigen Dinge zur richtigen Zeit. Doch manchmal stört Sie etwas in Ihrem Fluss. Finden Sie anhand dieser Fragen heraus, was das ist, und überlegen Sie anschließend, wie Sie diesen Stolpersteinen begegnen können. Wie können Sie sie ändern? Und wenn das nicht möglich ist: Wie können Sie Ihre Einstellung dazu ändern?

DIE ÄUSSEREN UMSTÄNDE

Was würden Sie aus Ihrem Leben entfernen, wenn Sie es könnten?

_____

Wer oder was hindert Sie daran, das zu tun, was Sie gerne möchten?

_____

Was tun Sie, obwohl Sie es gar nicht wollen?

_____

Was hindert Sie daran, der Mensch zu werden, der Sie gerne wären?

_____

IHRE GEDANKEN

Vervollständigen Sie diese Sätze. Schreiben Sie alles auf, was Ihnen spontan in den Sinn kommt:

Ich muss …

_____

Ich darf nicht …

_____

Ich sollte ...

_____

Worüber grübeln Sie oft nach?

_____

Worüber ärgern Sie sich oft?

_____

_____

IHRE GEFÜHLE

Wie fühlen Sie sich an einem normalen Tag?

_____

_____

Was sorgt dafür, dass Ihre Stimmung sofort in den Keller geht?

_____

_____

Welche Gefühle machen Ihnen besonders oft zu schaffen?

_____

_____

Wie fühlen Sie sich, wenn Sie an die Vergangenheit denken?

_____

_____

Wie fühlen Sie sich, wenn Sie an die Zukunft denken?

_____

_____

Die emotionalen Hindernisse in Ihrem Leben zu erkennen und klar zu benennen, ist die halbe Miete. Sie können schließlich nur Probleme lösen, die Sie kennen. Mit dieser Übung haben Sie also einen großen Schritt zu mehr Gelassenheit gemacht.

OFFEN FÜR VERÄNDERUNG

Erinnern Sie sich noch, was Sie als Kind als Berufswunsch angegeben haben? Astronautin? Fußballer? Clown im Zirkus? Ich wollte Tierärztin werden. Oder Schauspielerin. Als es dann ernst wurde und ich mich nach dem Abitur für einen Ausbildungsweg entscheiden musste, wählte ich keins von beidem. Meine Wünsche hatten sich geändert.

Als Kind durften Sie noch von allem träumen und Ihre Meinung von einem Tag auf den anderen ändern. Niemand nahm es Ihnen übel. Sie durften an einem Tag Spinat eklig finden und ihn am nächsten Tag lieben. Sie durften sich heute einen Hund wünschen und morgen einen Wellensittich.

ENTSCHEIDUNGEN FÜRS LEBEN

Doch dann mussten Sie sich irgendwann entscheiden. Für eine Schulform, für einen Abschluss, für ein Studium oder eine Ausbildung. Für einen Partner, einen Wohnort, eine Lebensform. Irgendwann kann jede Entscheidung die Weichen für Ihr restliches Leben stellen.

Sich zu entscheiden und dann auch dabeizubleiben, gilt als gut. Wir bewundern zuverlässige Menschen mit unumstößlichen Werten. Die Dinge durchziehen und nicht ständig ihre Meinung ändern wie das sprichwörtliche Fähnchen im Wind. Wir glauben, dass eine Persönlichkeit erst dann reif ist, wenn sie sich nicht mehr verändert.

Irgendwann legen Sie sich also fest. Sie entscheiden sich für eine Sache und damit gegen eine andere. Vielleicht beginnen Sie ein Jurastudium. Die Jahre gehen ins Land und Sie genießen Ihr Studium jeden Tag weniger. Aber jetzt aufhören, wo Sie doch schon so viel Zeit investiert haben? Dann bekommen Sie Ihren ersten Job. Anfangs ist alles neu und aufregend, doch bald schon stellt sich Langeweile ein. Sie merken, dass Sie lieber etwas ganz anderes machen würden. Aber jetzt aufhören, wo Sie doch schon so viel erreicht haben?

Wir neigen dazu, uns in vielen Bereichen des Lebens festzulegen. Zum Beispiel auf die Partei, die wir wählen. Auf einen Fußballverein, den wir anfeuern. Ein Lieblingsrestaurant. Auf die Art, wie wir

uns kleiden, uns beschäftigen, auf Hobbies und Interessen. Das erleichtert es uns, uns in einer im Grunde chaotischen und sich ständig wandelnden Umwelt zurechtzufinden. Außerdem wollen wir ja vor unseren Mitmenschen als konsequent gelten.

Indem wir krampfhaft an alten Meinungen und Idealen festhalten, navigieren wir uns oft in eine Sackgasse. So wie mit dem Berufsweg, den Sie nur weiterverfolgt haben, weil Sie einmal den ersten Schritt gegangen sind. Sie erlauben sich selbst nicht, Ihre Meinung zu ändern. Das setzen wir nämlich oft mit Scheitern gleich, dabei ist es nur eine neue Sicht der Dinge und die Konsequenzen, die wir daraus ziehen.

Dass wir uns äußerlich verändern, akzeptieren wir. Nicht aber, dass sich auch unsere Sicht auf die Welt ändert. Dabei ist das doch nur logisch. Schließlich sammeln wir im Laufe unseres Lebens

eine Menge neuer Informationen. Diese zu ignorieren und stattdessen weiter an alten Denkmustern festzuhalten ist genauso seltsam wie der Mann, der meint, mit seinem Klatschen die Elefanten zu verjagen.

Die Welt verändert sich ständig. Und Sie mit ihr.

Halten Sie immer stur an Ihrer Meinung fest, bleiben Ihnen außerdem neue Erfahrungen verwehrt. Vielleicht sind Sie vor zehn Jahren zum ersten und bisher einzigen Mal mit der Achterbahn gefahren und fanden es grauenhaft. Seitdem liegt Ihnen nichts ferner, als noch einmal in so eine Teufelsmaschine einzusteigen. Damit berauben Sie sich der Chance, in einer anderen Achterbahn eine aufregende Erfahrung zu machen.

Auf diese Weise begegnen wir oft auch anderen Menschen. Sie lernen auf einer

Messe jemanden kennen, den Sie schon auf den ersten Blick unsympathisch finden: Arrogant, selbstgerecht, ein typischer Blender. Und dann noch dieser Anzug! Nein, diesen Menschen können Sie einfach nicht leiden.

Ein paar Wochen später begegnen Sie dem Typen auf einer Party wieder. Dort wirkt er ganz anders: Freundlich, witzig und sehr zuvorkommend. Sie wundern sich zwar ein bisschen, reden aber trotzdem nicht mit ihm. Denn Sie haben schon entschieden, dass Sie diesen Kerl nicht leiden können. So werden Sie nie herausfinden, wie dieser Mensch wirklich ist.

Wir wollen Menschen möglichst schnell in Schubladen stecken. Mag ich, mag ich nicht, blöde Zicke, Traummann, Spießer, Rabenmutter … Das gibt uns Sicherheit, denn so glauben wir zu wissen, wie dieser Fremde reagieren könnte. Je besser wir jemanden kennen, desto eher können wir seine Reaktionen einschätzen. Und vor allen anderen möchten wir uns selbst besser kennenlernen. Wir möchten wissen, mit wem wir es da jeden Tag 24 Stunden zu tun haben. Wer bin ich und wer möchte ich sein? Diese Frage beschäftigt uns unser ganzes Leben lang. Selbsterkenntnis ist in vielen Religionen und Philosophien eins der höchsten Ziele.

Dabei passiert es uns dann oft, dass wir uns selbst viel zu ernst nehmen.

IRREN IST ERLAUBT

Ja, Sie dürfen sich irren. Möglicherweise haben Sie früher an etwas geglaubt, worüber Sie heute nur den Kopf schütteln können. Sie haben in der Vergangenheit eine Entscheidung getroffen, die Sie jetzt bereuen. Trotzdem müssen Sie nicht daran festhalten. Sie dürfen heute Spinat lieben und ihn morgen auf dem Teller liegen lassen. Sie dürfen mit jemandem befreundet sein, obwohl Sie ihn anfangs nicht leiden konnten.

Lassen Sie die Vorstellung los, dass Sie sich niemals ändern dürfen. So wird es Ihnen auch viel leichter fallen, sich selbst zu akzeptieren und sich zu verzeihen.

Sie ärgern sich über sich selbst, weil Sie Ihre Anwaltskarriere nach zehn Jahren an den Nagel hängen wollen. Es kommt Ihnen vor, als wären Sie gescheitert, weil Sie Ihren Beruf nicht mehr lieben. Sie sind aber nicht gescheitert. Sie haben nur Ihre Meinung geändert. Was vor zehn

Jahren gut und richtig für Sie war, kann Sie heute unglücklich machen.

Mit Ihrem besten Freund haben Sie sich früher so gut verstanden, aber heute reden Sie nur noch aneinander vorbei. Akzeptieren Sie, dass Sie beide und Ihre Freundschaft sich verändert haben, und lassen Sie los. Keiner von Ihnen beiden ist gescheitert, das ist einfach der Fluss des Lebens.

Ein eigenes Reihenhäuschen war immer Ihr Traum. Aber nun, da Sie es endlich besitzen, würden Sie lieber alle Zelte abbrechen und die Welt erkunden. Sehen Sie Ihr Häuschen weder als Fehlinvestition noch als verschwendete Zeit, sondern als wertvolle Erfahrung.

Wenn sich Ihre Meinung, Ihre Gefühle oder Ihre Wünsche ändern, dann sind Sie nicht gescheitert. Sie sind nur bereit für eine neue Erfahrung.

Gehen Sie nicht allzu hart mich sich ins Gericht, weil Sie aufgeben, bevor Sie ein selbstgestecktes Ziel erreicht haben. Nicht jedes Ziel ist es wert, erreicht zu werden. Dranbleiben ist genauso sinnvoll wie aufgeben, wenn es Zeit dafür ist. Oder wie die Dakota-Indianer zu sagen pflegen: »Wenn du merkst, dass du ein totes Pferd reitest, steig ab.«

Sie verändern sich genauso wie die Welt um Sie herum. Akzeptieren Sie das und erlauben Sie sich, Ihre Meinung und Ideale zu ändern. Verurteilen Sie sich nicht dafür, wenn Sie beschließen, einmal eingeschlagene Wege nicht bis zum Ende zu gehen.
Nehmen Sie Ihre Pläne nicht so ernst und lachen Sie öfter über sich selbst. Geben Sie Erfahrungen und Menschen eine zweite Chance, Sie zu überzeugen. Bleiben Sie offen für Neues.

KLEINIGKEITEN LOSLASSEN

Übung

Loslassen kann man genau wie jede andere Fähigkeit üben. Am besten jeden Tag ein bisschen. Gelegenheit gibt es dafür auch bei Ihnen garantiert genug. Und so sieht Ihr Loslass-Training aus:

1. Überlegen Sie, was Sie loslassen können

»———→ Es sollte etwas sein, ohne das sich Ihr Leben verbessert. Lassen Sie sich nicht einreden, dass Sie diese oder jene Sache aufgeben sollten, wenn Sie nicht selbst hundertprozentig davon überzeugt sind. Fällt Ihnen etwas ein? Dann schreiben Sie es auf. Ihnen fällt spontan nichts ein? Auch nicht schlimm. Dann gehen Sie weiter zu Punkt 2.

2. Bewusst werden

»———→ Wir laufen oft mit Scheuklappen durch den Alltag. Das passiert, wenn unsere Gedanken nicht da sind, wo unser Körper sich gerade befindet. Wir grübeln oder machen im Kopf To-do-Listen, während wir essen, Auto fahren oder bügeln. Dabei übersehen wir oft Dinge, die wir loslassen könnten.

Versuchen Sie, Ihren Tag bewusster zu leben. Seien Sie achtsam: Was tun, denken und fühlen Sie gerade und warum? Ist darunter etwas, was Sie stört oder Ihnen das Leben schwer macht? Sobald Sie so eine Sache entdeckt haben – etwa eine schlechte Angewohnheit, übermäßiges Grübeln oder Selbstbeschimpfungen – halten Sie kurz inne.

3. Hinterfragen

»———→ Nun wissen Sie also, was Sie stört. Sagen wir, Sie ärgern sich noch Stunden nach dem Einkauf über die unfreundliche Kassiererin und spielen in Gedanken immer wieder durch, wie Sie schlagfertiger hätten antworten können. Sobald Sie das merken, sagen Sie innerlich oder laut »Stopp!« Nun betrachten Sie diese Sache wie unter einem Mikroskop: Woher kommt sie? Warum kleben Sie so an ihr?

4. Akzeptieren

»——→ Gegenwehr raubt immer Energie und ist oft unnötig. Viel einfacher, als sich gegen diese Sache zu sperren, ist es, sie zu akzeptieren. Die bösen Gedanken der Kassiererin gegenüber waren da und sind es jetzt noch immer. Sagen Sie: »Das ist okay.«

5. Loslassen

»——→ Schließen Sie nun die Augen, stellen Sie sich die Sache, die Sie loslassen wollen, bildlich vor. Denken Sie an die Kassiererin, die Auseinandersetzung, Ihren Ärger und Ihre schlechten Gedanken, und dann stellen Sie sich vor, wie sich all das in Luft auflöst. Wie Küstennebel, der sich verzieht und die Sonne durchlässt. Nun öffnen Sie die Augen wieder, lächeln Sie und machen Sie weiter.

Und nun noch ein paar Vorschläge, was Sie alles auf diese Weise loslassen können:

★ Selbstbeschimpfungen
★ unbegründete Sorgen
★ Gewohnheiten (den Wecker dreimal auf Stumm schalten, beim Essen Facebook checken)
★ Gegenstände (die Plastikdose, die nie in den Schrank passt)
★ Süchte
★ Ärger über andere Menschen

Manchmal wird Ihnen das Loslassen nicht gelingen. Ärgern Sie sich dann nicht, sondern versuchen Sie es später wieder. Oder nehmen Sie sich eine kleinere Aufgabe vor. Vielleicht schaffen Sie es heute nicht, überhaupt nicht an den Streit mit der Kassiererin zu denken, dann versuchen Sie es wenigstens für eine Stunde oder auch nur fünf Minuten.

Jeder noch so kleine Schritt zählt.

LÖSEN SIE DIE BREMSEN

1

Bedeutung erkennen

Werden Sie sich bewusst, was Ihnen wichtig ist. Ob etwas für Sie von Bedeutung ist, entscheiden Sie selbst. Im Laufe unseres Lebens häufen wir so viele Bedeutungen an, dass jeder Schritt gefährlich sein kann. Überall lauern Enttäuschung und Fehler. Es wird immer Wünsche, Träume, Befürchtungen und Ängste geben, die Sie begleiten. Geben Sie diesen Dingen nicht zu viel Macht über Ihr Leben. Sie entscheiden, wie wichtig Ihnen etwas ist.

2

Kein Loslassen ohne Zulassen

Um etwas loslassen zu können, müssen Sie es zunächst einmal zulassen. Erst wenn Sie die Dinge so akzeptieren können, wie sie sind, können Sie sich auch von ihnen trennen.

3

Kontrolle abgeben

Was Sie aus Ihrem Leben machen, liegt in Ihrer Hand. Sie stellen die Weichen. Gestalten Sie Ihr Leben aktiv: Machen Sie Pläne, optimieren Sie Ihre Gewohnheiten, treffen Sie die richtigen Entscheidungen. Doch irgendwann werden Sie an einen Punkt kommen, an dem Sie nichts mehr ausrichten können. Erkennen Sie diesen Punkt, an dem Sie die Kontrolle abgeben und aufs Schicksal vertrauen sollten.

4

Finden Sie heraus, was Sie bremst

Loslassen lohnt sich besonders in den Bereichen, in denen Sie sich ausgebremst fühlen und nicht in den Fluss kommen. Das sind genau die Dinge, die Ihnen als Ballast das Leben schwer machen. Machen Sie sich auf die Suche nach diesen Bremsklötzen und Stolpersteinen. Sie zu kennen ist die Grundlage dafür, sie schließlich loszulassen.

5

Im Fluss bleiben

Sparen Sie Energie, indem Sie nicht immer versuchen, gegen den Strom zu schwimmen. Sie können ruhig den Weg des geringsten Widerstandes gehen, so lange Sie Ihr Ziel nicht aus den Augen verlieren.

6

Wandel akzeptieren

Versuchen Sie nicht, die Dinge festhalten zu wollen. Das Leben ist ständig im Wandel, und genauso sind Sie nicht mehr der Mensch, der Sie gestern, vor einem Monat oder einem Jahr waren. Nutzen Sie diese Erkenntnis für sich, und seien Sie offen für Veränderung.

Zweites Kapitel

Besitz loslassen: Sind Sie, was Sie haben?

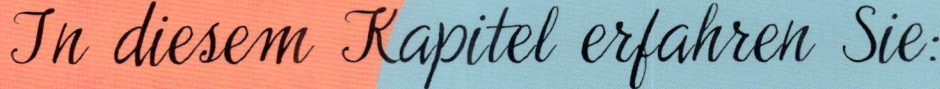

In diesem Kapitel erfahren Sie:

Warum zu viel Besitz
belastet
»——→

Wie Sie herausfinden,
was Ihnen wirklich wichtig ist
»——→

Warum Sie nicht viel besitzen müssen,
um glücklich zu sein
»——→

Wie Sie mit Ihrem Heim auch
Ihren Kopf entrümpeln

UNNÜTZER KRAM IST GEBUNDENE ENERGIE

Vielen Menschen sieht man es nicht an, dass sie Probleme mit dem Loslassen haben. Sie klammern sich vielleicht an immer wieder gehörte Glaubenssätze, an Gewohnheiten oder Erinnerungen, die ihnen das Leben schwer machen. Andere Menschen wiederum übertragen ihre Unsicherheit auf ihre Umgebung. Sie fühlen sich nur inmitten vieler Gegenstände wohl und häufen so viel – oft auch unnützen – Besitz an.

Klammern und Loslassen zeigt sich in vielen Lebensbereichen, doch dahinter stecken dieselben Ängste und Hoffnungen. Machen Sie es sich einfach und beginnen Sie beim Loslassen mit dem Offensichtlichen: den Dingen, die Sie umgeben.

BESITZ KANN BELASTEN

Sammeln ist ein Hobby, das manchmal bewundert und manchmal belächelt wird. Unordnung ist zwar keine Tugend, aber auch nichts, für das man sich schämen müsste. Doch sobald man anfängt, unter seiner Sammelwut oder der eigenen Unordnung zu leiden, zeigt sich das Dilemma: Dinge zu besitzen ist nicht automatisch gut. *Besitz garantiert kein Gefühl von Sicherheit, sondern kann uns belasten und hemmen.*

Zum Glück leidet nicht jeder, der gerne sammelt oder unordentlich ist, unter dem Messie-Syndrom, einer anerkannten psychischen Störung. Trotzdem kämpfen wir oft mit unserem Gerümpel. Wir wenden viel Zeit, Aufmerksamkeit und Energie für unseren Besitz auf. Und das, obwohl es völlig unnötig ist. Das beginnt schon lange, bevor wir den Gegenstand in unsere Wohnung lassen.

DIE WAHREN KOSTEN EINES GEGENSTANDES

Was haben Sie zuletzt gekauft, was Sie nicht unbedingt brauchten? Vielleicht ein Paar Schuhe, obwohl Sie schon mehr als genug besitzen? Eine CD oder einen Film? Eine Vase, die fast genauso aussieht wie die sieben, die schon in Ihrem Schrank stehen?

Stellen wir uns für dieses Beispiel vor, Sie haben sich eine Jeans für 50 Euro gekauft. Diese Jeans ersetzt weder eine andere, die verschlissen ist und nun entsorgt wird, noch ist es das einzige Stück Stoff, das Ihre Beine in den kommenden Monaten gegen Wind und Wetter schützen soll. Wir stellen uns einfach vor, diese Jeans ist nur eine von vielen in Ihrem Kleiderschrank.

50 Euro sind für den einen Taschengeld, für den anderen ein gewaltiger Betrag. Das hängt immer davon ab, wie viel Geld man besitzt und verdient. Wenn Sie für 50 Euro einen ganzen Tag lang arbeiten müssen und genau wissen, dass dieses Geld besser in die Reparatur Ihrer Heizung investiert wäre, überlegen Sie es sich zweimal, ob Sie die Jeans wirklich kaufen. Nehmen wir einfach mal an, Sie verdienen 10 Euro in der Stunde. Steuern und alle sonstigen Abgaben, die man davon abziehen müsste, lassen wir der Einfachheit halber außen vor. Um sich diese Jeans zu kaufen, müssen Sie folglich fünf Stunden arbeiten. Sie haben also, bevor Sie die Jeans überhaupt Ihr Eigen nennen können, bereits fünf Stunden Lebenszeit in sie investiert.

Nun benötigen Sie eine Stunde, um die passende Hose zu finden. Sie fahren dafür extra in die Stadt, was Sie mit Parkplatzsuche noch einmal eine Stunde kostet. Danach tragen Sie die Hose ungefähr ein Jahr lang und waschen Sie dabei einmal im Monat (so selten nur? Na klar, Sie haben ja noch andere Hosen zur Auswahl). Fürs Waschen, Trocknen, Bügeln und Zusammenfalten geht jedes Mal eine halbe Stunde drauf. Macht noch einmal sechs Stunden im Jahr. Danach passt oder gefällt Ihnen die Hose nicht mehr, und Sie möchten sie verkaufen. Die Jeans zu fotografieren, zu beschreiben, bei einem Verkaufsportal zu listen und anschließend zu verpacken und zu verschicken, dauert zwei Stunden. Insgesamt kostet Sie diese überflüssige Jeans also 15 Stunden Ihrer Lebenszeit oder – mit dem Stundenlohn von 10 Euro – 150 Euro. 15 Stunden sind fast zwei durchschnittliche Arbeitstage. *Was wären Sie bereit, für zwei freie Tage zusätzlich zu bezahlen?*

Diese kleine Rechnerei soll Ihnen nur vor Augen führen, dass unser Besitz uns neben dem offensichtlichen Kaufpreis noch sehr viel mehr kostet. Vor allem Zeit. Und Zeit ist etwas, das unwiderruflich weg ist. Sie können Ihren Reichtum vermehren, Ihren Besitz, Ihre Freunde, Ihren Einfluss und Ihr Ansehen, doch niemals Ihre Lebenszeit. *Jede Minute, die vorbei ist, ist weg.*

Außerdem verlangt jedes Teil von Ihnen, dass Sie sich darum kümmern. Sie sollen es benutzen, es konsumieren. Den Film anschauen, die Jeans tragen, die Vase dekorieren und die CD anhören. Doch dafür fehlt uns oft die Zeit, denn die brauchen wir ja dafür, um noch mehr Geld zu verdienen, mit dem wir uns noch mehr Dinge kaufen können, die wir dann eh nicht benutzen. *Ein Raum voller ungenutzter Dinge ist darum eine Ansammlung gestauter Energie.*

GERÜMPEL BREMST UNS UNBEWUSST

Die Feng-Shui-Expertin Karen Kingston hat dies bei ihrer Arbeit immer wieder bemerkt und sogar ein Buch darüber geschrieben: *Feng Shui gegen das Gerümpel des Alltags.* Für sie hat das Problem zwei Seiten: »Gerümpel sammelt sich, wenn Energie stagniert, und umgekehrt stagniert Energie, wo sich Gerümpel sammelt. Also beginnt die Unordnung als Symptom für das, was in Ihrem Leben geschieht, und wird Teil des Problems. Denn je mehr Sie ansammeln, umso mehr stagnierende Energie wird dadurch gebunden.«
Auch wenn Sie Ihr überflüssiger Kram im Alltag nicht behindert – wenn Sie also

nicht über Gerümpel-Haufen stolpern – so bremst er Sie doch unbewusst aus. Denn Sie verknüpfen jeden Ihrer Gegenstände mit einem emotionalen Thema – einem Gefühl, einer Erinnerung, einem Wunsch.

Trennen Sie sich von Gegenständen, die Sie mit negativen Gefühlen verbinden.

Im besten Fall ist das Teil nützlich, es dient Ihnen optimal und erleichtert so Ihren Alltag. Dann nehmen Sie diesen Gegenstand gerne in die Hand, Sie sind ihm dankbar. Es kann auch sein, dass dieser Gegenstand Sie erfreut und mit Zuneigung erfüllt, und deshalb benutzen Sie ihn gerne. Das betrifft allerdings nur sehr wenige Gegenstände. Denn in Wahrheit benutzen wir nur einen Bruchteil der Dinge, die uns umgeben, oft und gerne. Das meiste steht einfach nur herum. *Staubt ein Gegenstand jedoch nur vor sich hin, erfüllt er unser Leben mit negativer Energie.*

Vielleicht verursacht die teure Jeans, die Sie nur einmal getragen haben, ein schlechtes Gewissen. Die Ski im Keller benutzen Sie schon lange nicht mehr, aber sie erinnern Sie an Ihren Ex-Partner, mit dem Sie dieses Hobby geteilt haben. Und die Laufschuhe gleich daneben zeigen Ihnen jeden Tag, dass Sie eigentlich endlich mal Laufen wollten. Jeder Gegenstand, den Sie nicht benutzen, steht für eine Form von Anhaftung.

Lohnt es sich wirklich, an diesen Gegenständen und damit an den negativen Gefühlen festzuhalten? Möchten Sie ständig daran erinnert werden, was war und was sein sollte, anstatt das zu akzeptieren, was ist?

> *Gerümpel, also ungenutzte Gegenstände, rauben uns Energie. Wir tauschen Lebenszeit gegen Geld und Geld gegen Gegenstände, die wir nicht lieben und nicht brauchen, um die wir uns ab diesem Zeitpunkt jedoch ständig kümmern müssen. Wir lassen zu, dass uns Gerümpel an die Vergangenheit kettet oder uns einen weit entfernten Traum von einer Zukunft vor Augen führt, anstatt uns an das Hier und Jetzt zu erinnern. Wir schenken Dingen unsere Aufmerksamkeit und vergessen dabei, uns zu fragen, was uns wirklich wichtig ist.*
>
> *Wollen Sie wirklich das sein, was Sie besitzen?*

ENTRÜMPELN SIE SICH GLÜCKLICH

Praxistipps

Schon immer hatten Gegenstände nicht nur einen praktischen Nutzen, sondern auch einen symbolischen Wert. Bereits unsere frühesten Vorfahren besaßen rituelle Gegenstände oder verzierten ihr Essgeschirr mit magischen Zeichnungen. Und denken Sie nur an all die religiösen Gegenstände, Glücksbringer und Souvenirs, die uns täglich umgeben.

Haben Dinge eine Seele? Ich weiß es nicht. Was ich weiß, ist aber, dass wir Gegenständen oft mehr Bedeutung zusprechen, als sie tatsächlich besitzen. Im Laufe unseres Lebens sammeln wir immer mehr Gefühle und Erinnerungen an, aber auch immer mehr Dinge.

Manche Gegenstände helfen, uns zu erinnern, oder rufen eine bestimmte Emotion hervor. Der erste Schnuller Ihres Sohnes. Die zerfetzte Kinokarte von Ihrem ersten Date. Der Stein, den Sie an diesem wunderschönen Sommerabend am Strand gefunden haben.

An solchen positiven Erinnerungen festzuhalten, bereichert unser Leben.

Darum behalten wir die Gegenstände, die uns dabei helfen. Allerdings schaffen wir es oft auch nicht, uns von Teilen zu trennen, die uns an Negatives erinnern. Die Metallplatte, mit denen die Ärzte Ihr gebrochenes Sprunggelenk geflickt haben. Der letzte Liebesbrief Ihres Ex-Partners. Der einsame Diamantohrring, dessen Zwilling Sie verloren haben.

Wenn Emotionen und Erinnerungen also an Gegenständen haften, ist Entrümpeln viel mehr, als Platz in der Wohnung zu schaffen. Sie können dadurch auch Ihr Herz befreien. Dazu müssen Sie aber zunächst erkennen, was ein Gegenstand Ihnen bedeutet.

Nachspüren

⭐ Nehmen Sie den Gegenstand dazu in die Hand. Welche Erinnerungen steigen in Ihnen auf? Wie sind Sie zu diesem Gegenstand gekommen? Wie war Ihre Beziehung zu diesem Gegenstand? Hat er Sie erfreut, gestört oder sogar traurig gemacht?

Entscheidungen treffen

⭐ Können Sie den symbolischen Wert des Gegenstandes benennen, fragen Sie sich nun im zweiten Schritt, ob Sie dieses Gefühl und damit den Gegenstand weiter behalten möchten. Tut es Ihnen gut, an diese Sache erinnert zu werden oder nicht? Fällt die Antwort klar aus, behalten Sie das Ding entweder oder geben es weg.

Symbolik nutzen

⭐ Anders herum können Sie sich auch fragen, was Sie in Ihrem Leben belastet und welche Dinge Sie loswerden müssten, um diese Belastung zu verringern. Beispielsweise hadern Sie noch immer mit der Beziehung zu Ihrem verstorbenen Vater. Sie hatten immer das Gefühl, seinen Erwartungen nicht gerecht zu werden. Als Kind schenkte er Ihnen eine Gitarre, weil er selbst musikalisch war, aber Sie schafften es nie, auch nur ein Lied darauf zu spielen. Würde es Ihnen nicht guttun, diese Gitarre endlich loszuwerden und damit auch einen Teil der Last, den Ihr Vater Ihnen als Kind aufgebürdet hat?

Gefühle erforschen

⭐ Vielleicht stören Sie ein paar Ihrer Besitztümer, Sie wissen aber nicht, warum. Dann ist es gut möglich, dass diese Dinge unbewusst schlechte Gedanken und Gefühle in Ihnen auslösen. Gehen Sie diesem Gefühl nach, und Sie werden sich selbst ein gutes Stück näherkommen.

Übrigens: Falls Sie beim Entrümpeln die Angst überkommt, mit Erinnerungsstücken auch die Erinnerung zu verlieren, können Sie beruhigt sein. Ihre Erlebnisse haben Sie tief in sich gespeichert. Sie brauchen weder einen kitschigen Aschenbecher, um sich an den wunderschönen Mallorca-Urlaub zu erinnern, noch müssen Sie Ihren Brautstrauß bis in alle Ewigkeit aufbewahren, um diese bewegenden Momente wieder wachzurufen. Trotzdem habe ich einen kleinen Trick: *Wenn Sie sich nicht so ganz lösen können, fotografieren Sie den Gegenstand, bevor Sie ihn weggeben. Wetten, dass Sie sich das Foto danach nie wieder ansehen werden?*

WARUM ES GLÜCKLICH MACHT, NICHT VIEL ZU BENÖTIGEN

Wann haben Sie sich das letzte Mal ernsthaft gefragt, was Sie wirklich brauchen? Vielleicht vor Ihrer letzten Reise? Im Alltag stellen wir uns selten die Frage, was wir wirklich benötigen und was überflüssig ist. Das ändert sich, sobald es um Koffergrößen und das maximal zulässige Gewicht des Gepäcks bei einer Fluggesellschaft geht.

Es gibt so viele verschiedene Arten von Reisen, dass wir uns diese Frage jedes Mal aufs Neue stellen müssen. Nehmen wir zwei Extreme: eine Woche Strandurlaub und eine Woche Skiurlaub. Was brauchen Sie? Nehmen Sie sich ein paar Minuten Zeit und listen Sie alles auf, was Ihnen für diese beiden Reisen spontan in den Sinn kommt.

BEI WELCHER REISE IST DER KOFFER KLEINER?

Also ich brauche am Strand bei kuscheligen 29 Grad im Schatten weniger Kleidungsstücke als bei -5 Grad auf einem Gletscher. Auch brauche ich am Meer keine Skischuhe, keinen Helm, keine Schneebrille und all den anderen Kram, der einen sicher den Berg hinuntergeleiten soll. Nun stellen Sie sich bitte vor, welchen Koffer Sie lieber packen würden. Ich tendiere ganz klar zum Strandgepäck. Genauso wie es sich gut anfühlt, mit leichtem Gepäck zu reisen, fühlt sich auch ein Leben mit wenig Ballast an.

Jeder Schritt fällt Ihnen leichter, Sie hüpfen, anstatt sich mit gebeugtem Rücken vorwärts zu schleppen. Sie fühlen sich frei und sicher, weil Sie wissen, dass Sie alles dabeihaben, was Sie benötigen, aber nicht mehr.

Nun ist es, wie wir an dem Beispiel mit dem Strand- und dem Skiurlaub gesehen haben, aber sehr unterschiedlich, was man benötigt. Im Bikini würde ich niemals die Piste runterfahren. Um mich gut zu fühlen brauche ich für diesen Urlaub einfach mehr Gepäck als für den Strandurlaub. Daran kann ich nichts ändern. *Was ich aber entscheiden kann, ist, wohin meine Reise gehen soll. Und somit auch, wie groß mein Koffer sein muss. Wohin soll Ihre Reise gehen? Was brauchen Sie dafür?*

BRAUCHEN SIE DAS WIRKLICH?

Menschen, die einen einfachen Lebensstil pflegen, schätzen daran besonders, dass sie nicht viel benötigen. Wir glauben vielleicht, jedes Jahr ein neues Smartphone zu brauchen, aber ist das wirklich so? Funktioniert das alte nicht noch immer einwandfrei? Brauchen wir überhaupt ein Smartphone? Wir glauben, dass wir endlich mal neue Wohnzimmermöbel brauchen, modischere Schuhe, eine bessere Kaffeemaschine. Wirklich? In Wahrheit ist jeder neue Wunsch, dem wir nachjagen, eine Belastung. Eine Verschwendung von Energie und Lebenszeit. Doch der Drang, etwas haben zu wollen, ist nun einmal da. Eingepflanzt von unseren Mitmenschen, der Werbung, der Gesellschaft. Vielleicht stopfen wir

mit der Jagd auf neuen Besitz auch nur Löcher in unserem Inneren. Solange wir ständig etwas Neues wollen, können wir jedenfalls nie zufrieden sein. Je weniger wir brauchen, desto eher sind wir zufrieden. Zufrieden sind wir nämlich erst, wenn wir genug haben. Wenn wir alles haben, was wir benötigen. Und je weniger wir benötigen, desto schneller sind wir zufrieden. Ein Engelskreis sozusagen.

WIE SCHAFFEN SIE ES, WENIGER ZU BENÖTIGEN?

Zunächst einmal sollten Sie sich fragen, was hinter Ihrem Wunsch steckt. Brauchen Sie wirklich ein großes Auto oder sehnen Sie sich eigentlich nach Anerkennung und meinen, diese durch Ihren schicken Neuwagen zu bekommen? Ist Ihnen das Eigenheim vielleicht nur wichtig, weil Sie damit Ihr Bedürfnis nach Sicherheit stillen möchten? Was steckt hinter Ihrem Wunsch nach einem neuen Smartphone? Möchten Sie sich verbun-

den fühlen, indem Sie immer erreichbar sind? Würden Sie gerne geistig wachsen und lernen, was Ihnen ein mobiler Internetzugang ermöglicht? Oder sehen Sie sich nach Ablenkung und guten Gefühlen, die Ihnen die Spiele auf dem Smartphone bieten?

Oft schaffen es materielle Besitztümer nicht, unsere Bedürfnisse zu erfüllen. Dann sind wir enttäuscht und versuchen, unsere Sehnsüchte auf die einzige Weise zu stillen, die wir kennen: Indem wir noch mehr kaufen.

Sobald Sie wissen, welches Bedürfnis hinter Ihren Wünschen steckt, können Sie damit beginnen, sich von den Gegenständen zu trennen. Geben Sie Dinge weg, entrümpeln Sie, schaffen Sie Platz in Ihrer Wohnung. Trennen Sie sich auch von Gegenständen, die Sie vielleicht noch einmal gebrauchen könnten. Etwa die Plastikbechersammlung (»Wenn wir mal Besuch mit vielen Kindern bekommen«), die zehnte Garnitur Bettwäsche (»Falls die Waschmaschine mal kaputtgeht«) oder den verstaubten Shakespeare-Sammelband (»Irgendwann habe ich bestimmt mal Zeit, das zu lesen«).

Und dann schauen Sie, wie Sie ohne diese Dinge klarkommen. Es kann passieren, dass Ihnen tatsächlich das eine oder andere Teil fehlen wird. Fahren Sie dann nicht sofort in die Stadt und kaufen Sie Ersatz, sondern versuchen Sie erst einmal, andere Lösungen zu finden. Sie werden schnell feststellen, wie wenig Sie tatsächlich benötigen und dass es nicht schlimm ist, nicht auf alle Eventualitäten vorbereitet zu sein. *So lernen Sie, zu improvisieren und auf Ihre eigenen Fähigkeiten zu vertrauen. Mit wenig auszukommen, macht Sie also stärker. Gleichzeitig lernen Sie, dass Sie nicht das sind, was Sie besitzen.*

Sie sind nicht Ihr Besitz!

Wir definieren uns gerne über unseren Besitz, über Statussymbole wie Autos, Häuser, Schmuck oder technische Gadgets. So versuchen wir, die Menschen um uns herum zu beeindrucken, sie von unserem Wert zu überzeugen. Und obwohl wir es eigentlich besser wissen, glauben wir irgendwann selbst, dass wir nur dann wertvolle Menschen sind, wenn wir erfolgreich sind und diesen Erfolg durch Besitz ausdrücken können.

Wer wären Sie, wenn all Ihr Besitz verschwinden würde? Wenn Sie das große Haus voller ungenutzter Räume gegen eine Wohnung tauschen, die Ihnen genau den Platz bietet, den Sie brauchen? Wenn Sie die fünf Kilometer zur Arbeit nicht mehr mit dem erst in zehn Jahren abbezahlten Mercedes, sondern mit der U-Bahn zurücklegen würden? Wenn Sie Ihren Schmuck verkaufen und dafür nie wieder Überstunden machen müssten?

Auch hier gilt: Sie können es erst wissen, wie Sie sich dann fühlen, wenn Sie es ausprobieren. Bald schon werden Sie merken, dass Sie noch immer dieselbe Person sind wie vorher. Dass die Menschen, die Ihnen wirklich wichtig sind, nicht darauf achten, was für ein Auto Sie fahren oder wo Sie wohnen. Dass das Leben noch immer genauso lebenswert ist wie vorher. Wahrscheinlich sogar noch lebenswerter. *Denn Sie haben wieder ein Stück unnötigen Ballast losgelassen und fühlen sich freier.*

NÄHERN SIE SICH LANGSAM IHREN WAHREN WÜNSCHEN AN

Herauszufinden, was man wirklich für ein ausgefülltes Leben braucht und was nur überflüssiger Schnickschnack ist, benötigt Zeit. Bis dahin tut es gut, auch die näherliegenden positiven Effekte des »Wenigerbrauchens« zu sehen und zu genießen. Schreiben Sie sich doch bei jedem Teil, das Sie nicht brauchen, auf, wie viel Zeit und Geld Sie so gespart haben. Und dann

überlegen Sie, was Sie mit Ihrer freien Zeit und dem gesparten Geld auf Ihrem Konto lieber machen würden.

Wie viel Gepäck wollen Sie auf Ihre Lebensreise mitnehmen? Wie viel ist genug? Was ist überflüssig und belastet Sie nur? Versuchen Sie testweise, mit weniger auszukommen. Sie werden merken: Je weniger Sie benötigen, desto leichter fühlen Sie sich.

Stell nichts in dein Haus,
von dem du nicht weißt,
dass es NÜTZLICH ist,
oder glaubst,
DASS ES SCHÖN IST.

William Morris

LIEBLINGSSTÜCKE ERKENNEN

Übung

Anstatt zu entscheiden, welche Dinge Sie loslassen wollen, können Sie auch überlegen, was Sie behalten möchten. Das ist sozusagen die positive Umkehrung des Loslassens: Womit möchten Sie sich umgeben?

Lieblingsstücke sind nicht immer leicht zu erkennen. Oft sagt uns die Vernunft, was wir behalten wollen, dabei haben Sie zu diesem Gegenstand überhaupt keine Beziehung. Andere Teile können wir einfach nicht weggeben, obwohl sie keinen Nutzen für uns haben. Um zu erkennen, welches Ihre Lieblingsstücke sind, hilft eine einfache Übung, die zurückgeht auf die japanische Ordnungs-Expertin Marie Kondo.

»⟶ Nehmen Sie einen Gegenstand in die Hand, von dem Sie sicher wissen, dass es ein Lieblingsstück ist. Beispielsweise Ihr Lieblingsbuch.

»⟶ Spüren Sie die Energie. Welche Gefühle löst das Buch bei Ihnen aus? Welche Erinnerungen kommen hoch? Was schätzen Sie daran besonders?

»⟶ Nun nehmen Sie ein anderes Buch in die Hand. Wie fühlt sich dieses Buch im Vergleich zu Ihrem Lieblingsbuch an? Ähnlich? Dann haben Sie ein weiteres Lieblingsbuch entdeckt. Fühlen Sie hingegen nichts oder sogar Negatives, sollten Sie sich von diesem Buch trennen.

Je öfter Sie diese Übung machen, desto besser wird Ihr Gefühl für Lieblingsstücke und desto leichter wird es Ihnen zukünftig fallen, sich von Gegenständen zu trennen.

WAS WÜRDEN SIE AUS IHREM BRENNENDEN HAUS RETTEN?

So lange es keinen Grund gibt, sich von Gegenständen aus unserem Besitz zu trennen, fällt uns das sehr schwer. Deshalb lade ich Sie zu einem Gedankenexperiment ein. Nehmen Sie sich ein paar Minuten Zeit und stellen Sie sich folgende Situation vor:

Sie kommen von der Arbeit nach Hause und sehen Ihr Haus in Flammen stehen. Alle Menschen, die in dem Haus wohnen, sind zum Glück längst gerettet und stehen unverletzt auf der Straße. Auch alle Haustiere konnten frühzeitig ins Freie gebracht werden. Ein Feuerwehrmann kommt auf Sie zu. Er sagt Ihnen, dass er jetzt noch einmal in Ihr Haus gehen könnte und fragt, was er aus den brennenden Ruinen retten soll. Er könne aber höchstens fünf Gegenstände tragen. Was antworten Sie ihm?

Nach welchen Kriterien haben Sie diese Gegenstände ausgesucht? Mussten Sie lange zögern, um fünf Dinge zu benennen? Oder sind es sogar weniger? Vielleicht ist Ihnen auch gar kein Gegenstand eingefallen, für den Sie den Feuerwehrmann noch einmal in das brennende Haus schicken würden.
Erst in Notsituationen wird uns oft wirklich klar, wie wenig wir eigentlich brauchen. Und dass die wirklich wichtigen Dinge im Leben keine Gegenstände sind.

1. _____

2. _____

3. _____

4. _____

5. _____

WARUM SIE SICH NICHT TRENNEN KÖNNEN

Beginnen Sie, Ihr Umfeld zu entrümpeln, stoßen Sie früher oder später auf Gegenstände, von denen Sie sich einfach nicht trennen können. Wahrscheinlich aus einem der untenstehenden drei Gründe. Sobald Sie erkennen, was wirklich hinter Ihrer Erklärung steckt, können Sie einen Weg finden, sich doch von diesem Gegenstand zu trennen.

GRUND 1: »DAS KANN ICH NOCH EINMAL GEBRAUCHEN.«

Das ist eine sehr häufige Rechtfertigung, wenn es darum geht, einen noch funktionsfähigen Gegenstand zu behalten. Ja, es kann sein, dass Sie den Sandwichmaker, der seit fünf Jahren im Keller verstaubt, irgendwann noch einmal gebrauchen könnten. Vielleicht bekommen Sie plötzlich und unerwartet Heißhunger auf Schinkensandwiches. Aber mal ehrlich: Wenn Sie diese Lust in den vergangenen fünf Jahren nicht hatten, wird sich das höchstwahrscheinlich auch in der Zukunft nicht ändern.

Hinter der Ausrede »Das kann ich noch mal gebrauchen« steckt vor allem Unsicherheit in Bezug auf die Zukunft. Sie wissen nicht, was die nächsten Jahre bringen, und wollen daher bestmöglich vorbereitet sein. In unserer schnelllebigen Zeit ist Angst vor der Zukunft nichts Ungewöhnliches. Die Welt, in der wir leben, ändert sich so schnell, dass wir uns unmöglich richtig vorbereiten können.

Unsere Angst vor der Zukunft ist eng mit unserer Angst vor späterer Reue verknüpft. Wir entscheiden uns lieber gar nicht, als irgendwann zu erkennen, dass wir uns für das Falsche entschieden haben. Und so scheuen wir uns davor, Dinge wegzugeben, aus Angst, sie später zu vermissen. Alles kann passieren, aber Sie können unmöglich auf alles vorbereitet sein. *Indem Sie heute mutig entscheiden und etwas von Ihrem materiellen Ballast abgeben, geben Sie ein wenig die Zügel aus der Hand. Sie lernen, wieder mehr auf die Zukunft zu vertrauen, anstatt sich vor ihr zu fürchten.*

Betrachten Sie es doch mal so:

Jedes Teil, von dem Sie vorhaben, es irgendwann in der Zukunft noch einmal zu benutzen, ist nur ein weiterer Punkt auf Ihrer To-do-Liste.

All die Bücher, die in Ihrem Regal stehen und die Sie noch lesen wollen. All die Schuhe, die Sie noch tragen möchten. All die Filme, die Sie gucken, und die Bastelsets, die Sie umsetzen möchten. Sie bereiten Ihnen Schuldgefühle, weil Sie noch nichts davon erledigt haben und es höchstwahrscheinlich auch niemals

schaffen werden. Lassen Sie die Dinge und damit das schlechte Gewissen los. Jedes Mal, wenn Sie Ihre innere Stimme diese Ausrede sagen hören, sollten Sie umso enthusiastischer entrümpeln.

GRUND 2: »DAS WAR TEUER.«

Gerade der Hang zum Sparen ist vielen Menschen eigen. Und ein Grund, warum sie sich nicht von Dingen trennen können, die mal viel gekostet haben, und daher in ihren Augen noch viel wert sind. Denn die Einstellung zu Geld, Besitz und Wert wird manchmal über Generationen hinweg vererbt. Besonders stark ist das in einer Gesellschaft, die innerhalb weniger Jahre zwei Kriege erlebt hat. Noch vor wenigen Generationen war es überlebenswichtig, nichts wegzuwerfen, sondern alles noch irgendwie umzufunktionieren. Den Soldatenhelm zur Suppenschüssel zu machen, Laken zigmal zu flicken, oder die Wurst auf dem Brot mit den Zähnen bei jedem Bissen ein Stück nach vorne zu schieben, damit mehr Brot als Wurst im Mund landete.

Kein Wunder also, dass das Argument »Das war mal teuer« oft dafür sorgt, dass wir in ungenutztem Kram geradezu ersticken. Was wäre also die Antwort?

Wenn Sie der Meinung sind, dass ein Gegenstand viel zu schade für den Müll oder eine Spende ist, könnten Sie versuchen, ihn zu verkaufen. Es gibt unzählige Möglichkeiten: Flohmärkte, Privatverkäufe, Schwarze Bretter, Online-Verkaufsportale uvm. Bekommen Sie den Gegenstand tatsächlich verkauft, werden Sie höchstwahrscheinlich nicht den Preis dafür erzielen, den Sie sich vorgestellt haben. Das ist nämlich noch so ein Trick unserer Psyche:

Was wir bereits besitzen und uns damit zu eigen gemacht haben, erscheint uns wertvoller, als es in Wahrheit ist.

In so einem Fall tendieren Menschen dazu, den Gegenstand lieber überhaupt nicht zu verkaufen, als zu einem in ihren Augen zu geringen Preis. Sie sollten die Erfahrung des Verkaufens einmal gemacht haben, um ein Gefühl für den wahren Wert Ihrer Besitztümer zu bekommen. Wenn Sie einmal wissen, wie mühsam und selten lohnenswert das Verkaufen von gebrauchten Dingen ist, werden Sie zukünftig großzügiger verschenken, spenden und entsorgen.

GRUND 3: »DAS ERINNERT MICH AN ETWAS / JEMANDEN.«

Viele Gegenstände, die wir nicht loslassen können, erinnern uns an etwas oder jemanden. Manchmal bewusst, wie es bei Souvenirs meistens der Fall ist. Manchmal unbewusst, etwa wenn wir den selbstgestrickten Pullover der Oma einfach nicht weggeben können, obwohl wir ihn niemals getragen haben und er unsäglich kratzt.

Dinge, die wir aus sentimentalen Gründen behalten, sind wie kleine Anker, die uns in der Vergangenheit festhalten. Einerseits ist das gut, denn wer weiß, wo er herkommt, fühlt sich sicherer und geht mutiger in die Zukunft. Andererseits können uns diese Anker auch daran hindern, überhaupt loszugehen. Dann sind solche Erinnerungsstücke eher wie Bleikugeln am Bein.

Loslassen bedeutet immer auch, ein Stück Sicherheit und Kontrolle abzugeben.

Solange der Anker fest am Meeresboden hängt, ist unser Schiff in Sicherheit. Egal, ob ein paar Meilen weiter ein Sturm auf uns wartet oder wir die Orientierung verloren haben – für diesen Moment ist alles gut. Doch ein Schiff ist nicht dafür gebaut, um ewig vor Anker zu liegen. Und genauso sind wir nicht dafür gemacht, immer am Status Quo festzuhalten.

Vielleicht meinen Sie, dass Gegenstände ja nur Dinge sind. Lebloses Zeug. Wie soll Sie ein Buch oder eine Vase daran hindern, sich zu verändern? Wie kann Sie ein alter Pullover ausbremsen? Wären Dinge wirklich nur leblose Gegenstände, dürften wir auch kein Problem damit haben, uns von ihnen zu trennen. Doch allzu oft sind sie auch die Manifestation unserer Gefühle, Gedanken und Träume. Oder eben der Vergangenheit, die wir nicht abzuschütteln in der Lage sind.

Entrümpeln ist mühsam, weil wir bei diesem Vorgang nicht nur unsere Wohnung, sondern vor allem auch uns selbst von altem Ballast befreien. Sie werden beim Ausmisten sehr oft auf ungeklärte Probleme stoßen, die viel weiter reichen als die Frage, ob Sie einen Gegenstand wirklich noch brauchen, benutzen und mögen oder nicht. Tappen Sie nicht in die Ausreden-Falle. Wenn Sie auf ein Teil stoßen, das Widerstände in Form einer der drei oben aufgeführten Ausreden in Ihnen auslöst, fragen Sie sich ehrlich, woher dieser Widerstand kommt. Wofür steht dieser Gegenstand in Ihrer Welt? Was bedeutet es für Sie, ihn zu behalten oder ihn wegzugeben? Wen würden Sie

damit kränken? Und zuletzt die wichtigste Frage:

Was bringt es Ihnen, diesen Gegenstand loszulassen?

Wie werden Sie sich danach fühlen? Was haben Sie davon, wenn Sie sich von diesem Teil trennen? Je öfter und mehr Sie entrümpeln, desto stärker werden die Antworten auf diese Fragen hierbei ins Gewicht fallen und bald alle Bedenken mühelos beseitigen. Denn was Sie gewinnen, wenn Sie ungenutzte Gegenstände weggeben, ist pure Freiheit. Und dieses Gefühl toppt wirklich alles.

JEDEN TAG EIN TEIL ENTRÜMPELN

Übung

Übung macht den Meister – auch beim Entrümpeln. Sie streben nach der Meisterschaft? Dann brauchen Sie einen guten Trainingsplan. Dabei gilt wie bei jeder Veränderung oder neuen Gewohnheit: Je kleiner die Schritte, desto sicherer kommen Sie ans Ziel.

Ich habe mir vor einiger Zeit die Aufgabe gestellt, jeden Tag ein Teil wegzugeben. Das habe ich über ein Jahr durchgehalten. Anfangs fiel es mir ziemlich schwer, doch es wurde immer leichter. Wäre das nicht auch etwas für Sie? Dann habe ich hier ein paar Ideen, wo Sie anfangen könnten.

Kaputte Gegenstände

⭐ Sie wissen, dass die Tasse ohne Henkel in den Müll gehört – dann überwinden Sie sich endlich. Auch leere Stifte sind gute Kandidaten für die tägliche Mini-Entrümpelungs-Aktion.

Doppelte Gegenstände

⭐ Ihr Lieblingsfilm steht als DVD in Ihrem Regal – aber das gleich zweimal? Machen Sie jemand anderem eine Freude und verschenken Sie ein Exemplar.

Unerwünschte Geschenke

⭐ Beim Schenken zählt die Geste mehr als das Geschenk an sich. Es ist also keine Schande, wenn Sie die hässlichen Kerzenhalter nach einer gewissen Zeit der Mülltonne überantworten oder sie beim Flohmarkt verkaufen.

Ungenutzte Dinge

⭐ Wenn Sie etwas seit über einem Jahr nicht mehr benutzt haben, ist das ein klares Zeichen dafür, dass dieser Gegenstand überflüssig ist. Treffen Sie auf solch ein Ding, freunden Sie sich nicht wieder damit an, indem Sie es in die Hand nehmen oder sich mögliche Verwendungszwecke überlegen. Legen Sie es sofort in die Spendenkiste oder werfen Sie es in den Müll.

Ersatzteile

⭐ Sie besitzen eine zweite Kaffeekanne, weil die erste ja mal kaputtgehen könnte. Wo bleibt denn Ihr Mut zum Risiko? Trauen Sie sich mal was und geben Sie die Ersatzkanne weg. Und die Ersatzkanne für die Ersatzkanne bitte auch.

Etwas, das weder schön noch nützlich ist

⭐ Die Regel, nichts im Haus zu haben, was weder schön noch nützlich ist, ist meiner Meinung nach der beste Ratschlag, den man jemandem mit auf den Weg geben könnte. Nicht-nützliche und nicht-schöne Dinge sind zum Beispiel hässliche Deko-Sachen wie verschrumpelte Topfpflanzen, Badesalz, obwohl Sie keine Badewanne besitzen, oder Bücher, die Sie weder unterhalten (also schön sind) und Ihnen auch nichts beibringen (nützlich).

Natürlich ist es nicht machbar, die entrümpelten Gegenstände jeden Tag zu ihrem neuen Bestimmungsort zu bringen – die Mülltonne mal ausgenommen. Legen Sie sich deshalb kleine Depots an, die Sie regelmäßig leeren. Zum Beispiel je eine Kiste für Dinge, die Sie verkaufen, verschenken und spenden möchten. Stellen Sie diese Kisten an einen Platz, der Sie daran erinnert, sie zu entleeren. Zum Beispiel neben die Eingangstür oder direkt in den Kofferraum Ihres Autos.

Sie werden sehen, dass Ihnen das Entrümpeln mit der Zeit richtig Spaß macht. Sehen Sie es als Herausforderung: Schaffen Sie es wirklich, jeden Tag ein Teil zu finden, von dem Sie sich trennen möchten?

ENTRÜMPELN MIT SYSTEM

1

Bereich festlegen

Wählen Sie den Bereich, den Sie entrümpeln möchten. Fangen Sie klein an und achten Sie auf die Zeit. In einer halben Stunde können Sie zum Beispiel locker eine Schublade oder ein Regalbrett ausmisten. An einem Samstagnachmittag schaffen Sie vielleicht Ihren Kleiderschrank. Kalkulieren Sie lieber mit zu viel Zeit als mit zu wenig. Sie sollten in dieser Zeit auf jeden Fall fertig werden.

2

Vorbereiten

Halten Sie mehrere Kisten sowie eine Mülltüte bereit, in die Sie die entrümpelten Dinge einsortieren können. Etwa eine Kiste für Spenden, eine für Gegenstände, die Sie verkaufen möchten, und eine für solche, die Sie Freunden und Bekannten schenken möchten.

3

Alles muss raus

Räumen Sie den gesamten Bereich leer. Sie entscheiden nämlich nicht, was Sie weggeben, sondern was Sie behalten möchten. Und da macht sich eine freie Fläche, die gefüllt werden will, eben am besten. Wo Sie die Schublade oder das Regalbrett schon mal so schön leer haben, können Sie auch gleich feucht drüberwischen.

4

Was darf bleiben?

Nun kommt der wichtigste Teil: Nehmen Sie jedes Teil einzeln in die Hand und entscheiden Sie, ob es zurück an den alten Platz darf, ob Sie einen neuen Platz dafür finden möchten oder ob Sie sich davon trennen möchten. Denken Sie dabei an die Tipps, die Sie in diesem Kapitel gelernt haben. Ist das Teil schön und / oder nützlich? Wie viele Exemplare besitzen Sie bereits? Wie oft nutzen Sie es? Wann macht Sie der Gegenstand glücklich?

5

Jedes Teil an seinen Platz

Geben Sie jedem Ding einen festen Platz. Eine gute Methode ist, gleiche Dinge am selben Ort aufzubewahren. So haben Sie immer einen Überblick über die Anzahl der Dinge und finden sie schnell wieder. Gewöhnen Sie es sich an, jedes Teil nach Gebrauch wieder an seinen Platz zurückzulegen. Füllen Sie den entrümpelten Bereich nun mit den Dingen, die hier ein festes Zuhause finden sollen.

6

Entsorgen

Bringen Sie den aussortierten Kram weg. Je eher, desto besser. Die Entrümpelungs-Aktion ist erst dann beendet, wenn die für unnötig erachteten Dinge Ihr Haus oder Ihre Wohnung endgültig verlassen haben.

»——→

Drittes Kapitel

Die Gedanken sind frei: Was Sie im Alltag loslassen können

In diesem Kapitel erfahren Sie:

Wie Sie Zeit
zum Loslassen finden

Wie Sie sich von überhöhten
Erwartungen freimachen

Was Ihre Glaubenssätze
über Sie verraten

Warum Sie nicht immer überall
dabei sein müssen

Wie Sie sich selbst und anderen
Menschen verzeihen können

KEINE ZEIT ZUM LOSLASSEN?

»Jetzt soll ich auch noch loslassen, als ob ich dafür Zeit hätte!« Ist Ihnen während der Lektüre dieses Buches dieser Gedanke schon einmal gekommen? Wir hören und lesen doch ständig, was wir alles verbessern sollen, um noch produktiver, fokussierter, erfolgreicher, schöner, gesünder, fitter, beliebter und glücklicher zu werden. Schnell bekommt man das Gefühl, nie gut genug zu sein. Um alles zu tun, zu erleben und zu verbessern, fehlt uns schlicht und einfach die Zeit. Dafür müssten wir schon fünfhundert Jahre alt werden, und daraus wird wohl auch trotz des wissenschaftlichen Fortschritts in absehbarer Zeit nichts werden.

Nun sollen Sie also noch loslassen. Sich von Ballast befreien, um leichter zu leben. Dabei haben Sie doch noch so viel anderes zu tun. Dann fangen Sie doch beim Loslassen genau damit an:

Trennen Sie sich
von den ganzen Zeitfressern,
die Ihnen nicht guttun.

Zeitnot ist ja mittlerweile ein Massenphänomen. Es gehört zum guten Ton, immer ganz furchtbar beschäftigt zu sein. Um trotz aller Hektik noch Zeit zu sparen, vertrauen wir auf die Technik. Viele Erfindungen sind allein aus dem Wunsch heraus entstanden, uns Arbeit abzunehmen und uns somit mehr Freizeit zu schenken. Leider geht dieser Schuss nach hinten los, wenn wir die gewonnene Zeit dafür nutzen, noch mehr Aufgaben zu erledigen. Wir leben nach der Maxime des Kapitalismus: Wachsen oder untergehen. Deshalb denken wir, immer mehr zu brauchen und auch immer mehr leisten zu müssen. Und das bei gleichbleibender Lebenszeit. Wir werden immer effizienter und haben trotzdem das Gefühl, nicht Herr über unsere Zeit zu sein.

DEN FUSS VOM GAS NEHMEN

Statt also das Loslassen als Möglichkeit zu sehen, sich noch mehr Zeit für noch effizientere Methoden freizuschaufeln, nehmen Sie doch mal den Fuß vom Gas. Lassen Sie die Eile und das Multitasking

los, um die Zeit wieder als solche wahr-
zunehmen. Gönnen Sie sich Ruhepausen
und erlauben Sie sich Momente der
Muße, in denen Sie einfach tun, wonach
Ihnen der Sinn steht.
Identifizieren Sie Ihre Zeitfresser! Dafür
haben Sie keine Zeit? Okay, dann lassen
Sie uns mal schauen, welche Zeitfresser
Sie loslassen können.

Medienkonsum

Erwischt? Ja, wir sind alle ein bisschen
süchtig nach Informationen und Unter-
haltung. Es ist ja auch sehr einfach:
Bildschirm an und los geht's! Versuchen
Sie doch einfach mal, das Handy, den
Computer und den Fernseher ausgeschaltet zu lassen.

Meetings

Endlose Besprechungen mit sinnloser
Anwesenheitspflicht. Im Beruf kommen
Sie um solche Treffen vielleicht nicht
herum, dann versuchen Sie wenigstens,
sie im Privatleben zu vermeiden. Planen
Sie beispielsweise einen Urlaub mit
Freunden, muss nicht für jede kleine
Entscheidung die ganze Gruppe an einen
Tisch gebeten werden. Verteilen Sie die
Aufgaben und vertrauen Sie darauf, dass
jeder seinen Teil zufriedenstellend
erledigt.

E-Mails

Manchmal enden E-Mail-Unterhaltungen
in einem virtuellen Ping-Pong-Spiel: Wer
als erster nicht antwortet, hat verloren.
Fragen Sie sich öfter, was passieren
würde, wenn Sie diese Mail nicht beant-
worten würden. Nichts? Dann tun Sie es
auch nicht. Ist ein längerer E-Mail-Ver-
kehr absehbar, greifen Sie lieber zum
Telefonhörer: In einem persönlichen
Gespräch lassen sich Informationen viel
schneller und einfacher austauschen.

Werbung und Newsletter

Jeden Tag flattert uns Werbung ins Haus
oder das virtuelle Postfach. Sie müssen
jeden Werbebrief in die Hand nehmen
und jeden unerwünschten Newsletter
löschen. Das kostet nicht nur Zeit, sondern auch geistige Kapazität. Stoppen Sie
den Werbestrom! Ein entsprechendes
Schild am Briefkasten und ein Klick auf
»Abbestellen« im Newsletter wirken
Wunder.

Ungeliebte Verpflichtungen

Es passiert schnell, dass wir zu etwas Ja
sagen, und es hinterher bereuen. Dann
nämlich, wenn sich aus diesem Ja eine
dauerhafte Verpflichtung ergibt. Gerade
noch haben Sie mit Ihren Kumpels vom
Fußballverein Bier getrunken, und in der
nächsten Minute hat man Sie in den

Vorstand gewählt. Haben Sie sich so eine dauerhafte Aufgabe zugelegt, die Sie eigentlich nur zähneknirschend erledigen, werden Sie die am besten so schnell wie möglich wieder los. Auch Ihre Mitmenschen profitieren davon, dass Sie Verpflichtungen nur dann annehmen, wenn Sie mit ganzem Herzen bei der Sache sind.

Unnötige Aufgaben

Sie könnten mal wieder das Silberbesteck polieren und einen neuen Desktophintergrund für Ihren Laptop suchen – Sie könnten das aber auch einfach sein lassen. Viele Aufgaben, die wir für wichtig halten, sind in Wahrheit total überflüssig. Stellen Sie alle Aufgaben, die Sie für unabdingbar halten, auf den Prüfstand. Was davon können Sie ohne große Konsequenzen vergessen?

Vielleicht fallen Ihnen noch andere Zeitfresser ein, die Sie loslassen möchten. Denken Sie immer daran:

Ihre Lebenszeit ist kostbar.

Vergeuden Sie sie nicht mit Dingen, die Sie unglücklich machen. Manchmal leiden wir aber gar nicht unter wirklicher Zeitnot, sondern nur unter dem Gefühl. Wir denken, dass es uns an Zeit mangelt und geraten dadurch in Eile und Panik. Viele Menschen quält das Gefühl, niemals all das tun zu können, was sie möchten. Es gibt noch so viel zu erleben!

TRAUEN SIE SICH, NEIN ZU SAGEN!

Vielleicht möchten Sie gerne um die Welt reisen, tauchen lernen, den Mount Everest besteigen und mit Schlittenhunden zum Nordpol fahren. Gleichzeitig möchten Sie in Ihrem Job vorankommen, mit Ihrer Familie glücklich sein, Spanisch lernen und mit Ihren Freunden jedes Wochenende feiern. Wir möchten alles und das sofort. Doch das geht nicht. Also müssen wir uns zwischen den zahlreichen Möglichkeiten, die sich uns bieten, entscheiden. Egal, wie Sie sich entscheiden, Sie werden immer Zweifel haben, ob einer der sechshundert anderen Lebenswege nicht doch besser gewesen wäre. Doch das werden Sie nie herausfinden, denn dafür haben Sie einfach nicht genug Zeit.

*Genießen, was ist,
und nicht, was hätte sein können.*

Doch was wäre, wenn Sie zu Ihrer Entscheidung stehen und sich ihr voll und ganz widmen, statt sich mit der Hälfte Ihres Herzens ständig nach einem anderen Leben zu sehnen? Wenn Sie all die anderen Möglichkeiten vergessen und nie wieder darüber nachdenken würden, was gewesen wäre, wenn …? Denn genau dieses Grübeln, dieses Abwägen und Zweifeln schluckt eine Menge Zeit, in der wir einfach zufrieden sein könnten.

Akzeptieren Sie, dass Sie Ihr Leben nur einmal leben können, und machen Sie das Beste daraus. Schauen Sie nie zurück, sondern immer nur auf den Weg, der vor Ihnen liegt.

Lebenszeit ist nur dann verschwendet, wenn wir sie für etwas eintauschen, das uns nicht glücklich macht. Lassen Sie also all die Verpflichtungen und Aufgaben los, die unnötig sind und Sie nicht weiterbringen. Je öfter Sie sich trauen, Nein zu sagen, desto leichter wird es Ihnen fallen.
Wir verschwenden oft Zeit mit Zweifeln, Reue und Zaudern. Sie können nicht alles tun, was möglich ist, weil Ihr Leben dafür einfach zu kurz ist. Stehen Sie also zu Ihren Entscheidungen, anstatt sich nach etwas anderem zu sehnen.

DAS GEDANKENKARUSSELL ANHALTEN

Übung

Ihre Gedanken drehen sich im Kreis, immer schneller und schneller. Sie merken, wie Ihnen schwindelig wird, Ihre Hände schwitzen, das Herz pocht schmerzhaft in Ihrer Brust. Doch Sie können nichts dagegen tun. Es ist stärker als Sie.

Jeder war sicherlich schon einmal in der Situation, in der die Gedanken einen überfallen haben. Erst ist es nur ein negativer Gedanke, eine Sorge, eine schlechte Nachricht. Doch schnell wird in unseren Köpfen mehr daraus. Ich finde, dass der Begriff »Gedankenkarussell« für diesen Zustand sehr passend ist. In diesen Momenten sind wir nicht mehr Herr über unsere Gedanken und Gefühle. Wir sind nur hilflose Mitfahrer.
Hilflos?
Nein, Sie können etwas dagegen tun, wenn das Gedankenkarussell wieder beginnt, sich zu drehen.

⟫⟶ 1. Erkennen Sie, wenn es so weit ist. Beobachten Sie Ihre Gedanken wie ein Zuschauer im Kino. Sobald sie beginnen, sich im Kreis zu drehen, greifen Sie ein. Manchmal merken wir erst an den körperlichen Anzeichen, wie Herzrasen, Angstschweiß oder Übelkeit, dass etwas nicht stimmt. Dass unser Geist so mächtig ist, die Funktionsweise unseres Körpers zu beeinflussen, ist beängstigend und beruhigend zugleich: Genauso, wie Sie Ihren Körper in Alarmbereitschaft versetzen können, können Sie ihn auch wieder herunterfahren.

⟫⟶ 2. Werden Sie langsamer: Stellen Sie sich nun vor, wie das Karussell, in dem Sie sich befinden, langsamer wird und schließlich anhält.

⟫⟶ 3. Steigen Sie aus: Bleiben Sie bei diesem Bild und stellen Sie sich nun vor, wie Sie die Sicherheitsbügel lösen, aufstehen und das Karussell verlassen.

»——→ 4. Schauen Sie zu: Vielleicht bleibt das Karussell in Ihrem Kopf nun stehen. Die Sperrstunde hat begonnen, es finden sich keine Mitfahrer mehr, der Strom fällt aus. Geben Sie Ihrem Karussell ruhig eine lebhafte Geschichte. Je mehr Sie sich mit der Vorstellung beschäftigen, desto nebensächlicher werden die schädlichen Gedanken.

»——→ 5. Bleiben Sie draußen: Möglicherweise beginnt das Karussell bald wieder, sich zu drehen. Aber Sie sitzen jetzt nicht mehr drin. Es ist Ihre Entscheidung, ob Sie Ihre rotierenden Gedanken weiter von außen betrachten oder ob Sie sich umdrehen und gehen.

Wichtig ist für Sie, zu erkennen, dass Sie nicht Ihre Gedanken sind. Sie sind der Chef in Ihrem Kopf, die Gedanken tun nur das, was Sie sagen. Auch wenn Sie von schlechten Gedanken und Bildern gequält werden, können Sie diese jederzeit unterbrechen und abstellen. Sie Ihnen nicht ausgeliefert.

Allerdings bringt es auf Dauer auch nichts, negative Gedanken und Gefühle zu verdrängen. Überfallen sie Sie zu oft, ist das ein Zeichen, dass etwas nicht in Ordnung ist. Dann sollten Sie versuchen, der Ursache auf den Grund zu gehen, notfalls auch mit professioneller Hilfe.

> *Achtsamkeit, wie ich sie in diesem Buch immer wieder anspreche und empfehle, ist in erster Linie ein Mittel, um sich selbst zu erkennen und anzunehmen. Erst danach kann sie auch dabei helfen, etwas zu verändern.*

ES KOMMT, WIE ES KOMMT

Ständig machen wir Pläne. Wir überlegen, was wir heute, in dieser Woche, diesem Monat, dem nächsten Jahr und den nächsten zehn Jahren geschafft haben wollen. Wir erträumen uns das Leben, wie es irgendwann mal sein soll.

Pläne und Prognosen sind gerne gesehen. Warum wird man wohl in so vielen Bewerbungsgesprächen gefragt, wo man sich in fünf Jahren sieht? Und auch Unternehmensgründer müssen sich sehr genau überlegen, was sie an einem Punkt in der Zukunft erreicht haben wollen. Das nennt sich dann Businessplan. Ich habe übrigens auch mal einen Businessplan geschrieben. Nichts davon ist eingetreten. Alles kam anders, aber viel besser. Da sich mein Plan nicht erfüllt hat, müsste ich eigentlich traurig und demotiviert sein. Aber das würde mir nichts bringen. Niemand kann in die Zukunft sehen, auch wenn es immer mal wieder jemanden gibt, der das von sich behauptet. Alles kann haargenau so eintreten, wie Sie sich das vorstellen. Oder eben komplett anders.

Pläne scheinen also ziemlich sinnlos zu sein, wenn sie doch nicht verbindlich sind. Das sehe ich allerdings nicht so. Gut durchdachte Pläne geben uns Orientierung, sie zeigen uns, was wir als nächstes tun müssen, um unserem Ziel näher zu kommen. Sie können jedoch nicht garantieren, dass wir das Ziel auch erreichen. Wüssten wir von vornherein, dass ein Weg nicht unbedingt zum Ziel führen muss, würden wir ihn oft gar nicht erst beschreiten. Wir würden lieber stehen bleiben, als bei dem Versuch, Energie zu verschwenden.

So verhalten wir uns jeden Tag: Wir malen uns in den buntesten Farben aus, wie die Zukunft sein könnte. Und wenn das, was tatsächlich geschieht, unseren Erwartungen dann nicht entspricht, sind wir enttäuscht.

Ein Beispiel: Sie erhalten die Einladung zu einer Party. Die Gäste, das Ambiente, das Buffet, der Gastgeber, das Programm – alles klingt ziemlich vielversprechend. Also gehen Sie mit der Erwartung zu dieser Feier, dass Sie sich an diesen

Abend noch in dreißig Jahren erinnern werden. Und dann ist alles öde. Jedenfalls nicht so aufregend, wie Sie es sich in Gedanken ausgemalt haben. Die Gäste plaudern nur über Banalitäten, der DJ spielt die falschen Lieder zur falschen Zeit, das Essen ist lauwarm und die Räumlichkeiten ziemlich altbacken. Außerdem riecht es in einigen Ecken ein bisschen nach altem Frittierfett. Sie sind enttäuscht.

Andere Party, andere Voraussetzungen. Sie können den Gastgeber zwar nicht besonders leiden, aber aus Höflichkeit tauchen Sie bei seiner Geburtstagsfeier auf. Während der gesamten Hinfahrt sehnen Sie sich nach Ihrem gemütlichen Sofa, und Sie nehmen sich vor, nach spätestens drei Stunden wieder zu verschwinden. Und dann wird der Abend so außergewöhnlich, dass Sie sich noch in dreißig Jahren daran erinnern werden.

IHRE ERWARTUNGEN ENTSCHEIDEN

Warum sind Sie bei der einen Feier enttäuscht und bei der anderen positiv überrascht? Weil Sie unterschiedliche Erwartungen hatten. Das ist die Messlatte, an der sich Erfolg und Misserfolg definieren. Pläne und Erwartungen in zu hohen Dosen können uns schnell ausbremsen. Wir versuchen etwas erst gar nicht, wenn unser Anspruch an das Ergebnis zu hoch ist. Außerdem nehmen wir uns selbst die Chance, uns öfter zu freuen, wenn etwas gut klappt.

Sie nehmen sich vor, dieses Jahr zwanzig Kilo abzunehmen, schaffen aber nur zehn. Ein Misserfolg. Sie wollen Ihr Gehalt verdoppeln, doch ein paar Hundert Euro fehlen Ihnen am Ende dazu. Schon wieder gescheitert. Sie träumen von einer Familie mit fünf Kindern, aber nach dem dritten will es nicht mehr klappen. Ziel verfehlt.

ACHTUNG: PERFEKTIONISMUS-FALLE!

Neben überhöhten Erwartungen macht Ihnen hier auch Ihr Perfektionismus einen Strich durch die Rechnung. Knapp daneben ist auch vorbei, denken Sie, und fühlen sich dabei schlecht. Ganz oder gar nicht, barfuß oder Lackschuh, das ist Ihre Devise. Deshalb fangen Sie erst gar nicht an, wenn Sie nicht glauben, dass Sie es perfekt hinkriegen können. Dabei sind zehn Kilo Gewichtsverlust, ein fast verdoppeltes Gehalt und drei Kinder eine ganz schöne Leistung, auf die man ruhig stolz sein kann.

*Fast geschafft ist besser,
als gar nicht erst versucht.*

Man kann ein wunderschönes Leben führen, ohne es zu wissen, weil man ja eigentlich viel mehr gewollt hat. Und so denkt man nur an die Wünsche und Träume, die nicht in Erfüllung gegangen sind, und verpasst dabei all das Wunderbare, das stattdessen passiert.

SCHREIBEN SIE IHRE EIGENE GRABREDE

Die australische Autorin Bronnie Ware hat vor einigen Jahren ein Buch geschrieben, das ein Bestseller wurde: *5 Dinge, die Sterbende am meisten bereuen.* Sie erzählt darin von ihren Gesprächen mit Todkranken. Wann ist das Fazit eines Lebens schon ehrlicher, als wenn man den Tod direkt vor Augen hat? Oft hört man den Rat, sich genau das vorzustellen:

Wie würden Sie auf Ihr Leben zurückblicken, wenn Sie wüssten, dass Sie bald sterben würden? Was würden Sie bereuen? Was hätten Sie gerne anders gemacht? Sie können auch Ihre fiktive Grabrede schreiben, um zu erkennen, worauf es Ihnen im Leben wirklich ankommt.

Der Blick zurück ist oft einfacher als der nach vorn. Und vor allem ehrlicher. Es gibt nichts mehr zu planen, zu erreichen und zu erwarten. Ist es da nicht umso sonderbarer, dass einer der Punkte, die Sterbende nach Bronnie Wares Erfahrungen am meisten bereuten, dieser ist:

ICH WÜNSCHTE, ICH HÄTTE MIR MEHR FREUDE GEGÖNNT.

Gönnen Sie sich denn genug Freude? Erlauben Sie es sich, mit einer Leistung oder einem Ergebnis zufrieden zu sein? Können Sie Dinge genießen, auch wenn diese nicht Ihren Vorstellungen entsprechen?

Wenn Sie nach der Lektüre dieses Buches nur eine Sache loslassen, dann Ihre überhöhten Erwartungen. Erlauben Sie sich, mal keine Pläne zu machen und die Dinge so zu akzeptieren, wie sie kommen. Lernen Sie, darauf zu schauen, was Sie geschafft haben, statt auf das, was Ihnen nicht gelungen ist. Vielleicht haben Sie Ihr Ziel nicht erreicht, haben nicht zwanzig Kilo abgenommen, Ihr Einkommen nicht ganz verdoppelt und nicht ganz so viele Kinder gezeugt, wie Sie wollten, doch damit sind Sie noch immer ein ganzes Stück näher dran an Ihren Vorstellungen, als wenn Sie es gar nicht erst versucht hätten.

GENIESSEN SIE IHR LEBEN, WIE ES IST

Erlauben Sie sich auch, Ihre Lebensträume ziehen zu lassen. Jeder Mensch hat Wünsche, die sich nicht erfüllt haben. Das sollte Sie aber nicht davon abhalten, Ihr Leben so zu genießen, wie es ist.

Ihre Erwartungen bestimmen, wie zufrieden Sie mit einem Ergebnis sind. Deshalb sind die Partys, auf die wir keine Lust haben, meistens die besten. Zu hohe Erwartungen und Perfektionismus sorgen dafür, dass wir unsere Ziele nie wirklich erreichen können. Oft hält uns die Angst, unseren Erwartungen nicht gerecht werden zu können, davon ab, etwas überhaupt zu versuchen. Deshalb sind Pläne gefährlich, wenn wir sie zu ernst nehmen. Als Orientierungshilfe sind Pläne sinnvoll, doch sie sind keine Garantie für Erfolg. Bleiben Sie flexibel, was Ihre Wünsche und Träume angeht. Etwas läuft nicht so, wie Sie sich das vorstellen? Na und? Dann kommt es eben anders. Und vielleicht sogar viel besser.

GLAUBENSSÄTZE LOSLASSEN

Im Film sitzen auf der Schulter des unentschlossenen Helden oft ein Engelchen und ein Teufelchen. Das Engelchen ist das Gewissen des Helden, es sagt ihm, was gut und richtig ist. Dem gegenüber will das Teufelchen, dass der Held seine niedersten Gelüste befriedigt und auf Moral und Anstand pfeift.
Das Gefühl, sich zwischen Wollen und Müssen, richtig und falsch, Bauch und Kopf entscheiden zu müssen, kennt wohl jeder. Manchmal hören wir aber auch noch eine dritte Stimme, die weder dem Engel noch dem Teufel gehört. Wir können sie nicht so recht einordnen, doch sie ist ständig da.

Diese Stimme ist das Echo unserer Glaubenssätze. Im Laufe unseres Lebens lernen wir viele Regeln. Einige davon sind sinnvoll. Etwa die, dass man erst nach rechts und links schaut, bevor man eine Straße überquert. Allerdings folgen wir auch Regeln, die uns gar nicht helfen oder weiterbringen, sondern sogar behindern. Glaubenssätze kommen oft hübsch verpackt daher, etwa als Reim: zum Beispiel »Morgenstund hat Gold im Mund« oder »Wer den Pfennig nicht ehrt, ist die Mark nicht wert«. Sie sind meistens kurz, prägnant und daher leicht zu merken. Stehen wir vor einer Entscheidung, kommen sie uns daher sofort in den Sinn.

Manchmal wissen wir gar nicht, dass wir gerade einem Glaubenssatz folgen.

Unser Verhalten ist fast schon automatisiert. Und sind wir uns der Glaubenssätze doch bewusst, hinterfragen wir sie selten. Es ist fast so, als wären uns diese oft über Generationen übermittelten Leitsätze heilig. Glaubenssätze spiegeln immer die Zeit und die Gesellschaft, in der sie entstanden sind. Was vor zweihundert Jahren auf einem anderen Kontinent gut und richtig war, muss es heute längst nicht mehr sein. Oder würden Sie sich mit einem Aderlass behandeln lassen, nur weil das über Jahrhunderte hinweg bei Heilern das Mittel der Wahl war?

KENNEN SIE IHRE GLAUBENS-SÄTZE?

Wenn Sie demnächst etwas tun, ohne zu wissen warum, machen Sie sich auf die Suche nach einem versteckten Glaubenssatz. Fällt Ihnen etwas ein, was Sie von Ihren Eltern, Großeltern oder Lehrern gelernt haben? Sobald Sie den Glaubenssatz identifiziert haben, nehmen Sie ihn näher unter die Lupe. Von wem haben Sie ihn gelernt? In welchem Zusammenhang? Unterziehen Sie ihn dann einer Prüfung, indem Sie folgende Fragen stellen: Ist es wahr? Und tut es mir gut?

VON LERCHEN UND EULEN

Nehmen wir als Beispiel die goldene Morgenstund. Früher, als es noch kein elektrisches Licht gab, war es wichtig, schon den ersten Sonnenstrahl für die Arbeit zu nutzen. Wer lange schlief, schaffte zwangsläufig nicht so viel wie ein Frühaufsteher. Heute ist dieser Glaubenssatz überholt. Er kann sogar schädlich sein. Wir wissen mittlerweile, dass Menschen von Natur aus Lerchen oder Eulen sind. Also Frühaufsteher oder Nachtarbeiter. Folgen sie ihrer biologischen Uhr, können sie am besten arbeiten. Sieht sich nun eine Eule aufgrund ihrer Glaubens-

sätze genötigt, früh aufzustehen, kann sie unmöglich ihr ganzes Potenzial ausnutzen. Und schafft sie es doch nicht, morgens schon produktiv zu sein, hat sie ein schlechtes Gewissen. Also: Pfeifen Sie auf die Morgenstunde! Bringen Sie die Stimme zum Schweigen!
Ist der Glaubenssatz also weder wahr noch gut für Sie, dürfen Sie ihn ruhig aus Ihrem Repertoire streichen. Wie bei Gegenständen gilt:

Behalten Sie nichts, was Ihnen nichts bringt, sondern Sie im Gegenteil nur belastet.

Es lohnt sich also, Ihre Glaubenssätze zu hinterfragen und sie gegebenenfalls loszulassen. Sie müssen nicht tun, was andere Menschen von Ihnen erwarten.

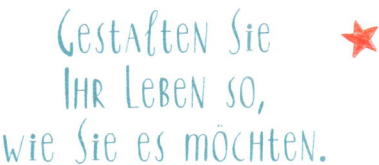

Gestalten Sie Ihr Leben so, wie Sie es möchten.

Die Waage gleicht
der großen Welt:
DAS LEICHTE STEIGT,
das Schwere fällt.

Gotthold Ephraim Lessing

WARUM ES NICHT SCHLIMM IST, MAL ETWAS ZU VERPASSEN

Leiden Sie unter FOMO? Was ist das, werden Sie sich jetzt vielleicht fragen. FOMO ist die Abkürzung für »fear of missing out«, also zu Deutsch der Angst, etwas zu verpassen. Immer mehr Menschen leiden darunter.

Die Angst, etwas zu verpassen, ist nicht neu. Schon immer zweifelten Menschen, ob sie nicht woanders etwas Spannenderes erleben könnten.

Sie kennen das sicher: Sie sind zu zwei Veranstaltungen eingeladen. Ein netter Kochabend mit Ihren Freunden und eine Party in einem angesagten Club. Was tun Sie? Wahrscheinlich werden Sie sich für eine Sache entscheiden. Gehen Sie zum Kochabend, werden Sie sich aber die ganze Zeit fragen, ob Sie nicht gerade die Party Ihres Lebens verpassen. Entscheiden Sie sich hingegen für den Club, machen Sie sich Sorgen, dass Ihre Freunde ohne Sie Spaß haben.

Was Sie auch tun, die Tatsache, dass es noch eine verlockendere Alternative gab, könnte Ihnen die Freude an Ihrer Entscheidung verderben.

WAS WÄRE, WENN …?

Der Genuss bleibt dabei auf der Strecke. Sie können nicht mehr mit ganzem Herzen und Ihrer ganzen Aufmerksamkeit bei der von Ihnen gewählten Veranstaltung sein, weil in Ihrem Hinterkopf dieses fiese kleine »Was wäre, wenn …?« herumschleicht.

Wie gesagt: Früher litten die Menschen auch schon unter FOMO. Aber erst mit dem Aufkommen der sozialen Medien ist das richtig schlimm geworden. Jetzt erfahren Sie in Echtzeit, was Sie alles verpassen. Eine Freundin weilt gerade auf Bali und lässt sich Kokosmilch am Strand schmecken. Davon stellt sie natürlich sofort ein Foto auf Facebook. Sie sehen dieses Foto, während Sie durch den Schwarzwald wandern, und ärgern sich, dass Sie keinen anderen Urlaub gebucht haben.

Die richtige Entscheidung treffen?
Egal, Hauptsache
Sie entscheiden sich.

Wer unter FOMO leidet, kommt oft in knifflige Situationen. Immer dann, wenn es zwei oder mehr Möglichkeiten gibt, die sich nicht miteinander vereinbaren lassen. Sie müssen sich also entscheiden. Doch was ist die richtige Entscheidung? Anstatt also einer Sache zu- und der anderen abzusagen, lassen sich Menschen mit akuter FOMO gerne alle Möglichkeiten offen. Besonders deutlich sieht man das an Silvester. Da machen sich die Feiern gegenseitig Konkurrenz, wodurch schon so mancher Gastgebern mit vierzig Vielleicht-Zusagen schließlich in seinem gähnend leeren Partykeller stand.

GEISTIG UND KÖRPERLICH ANWESEND SEIN

Sie können physisch nur an einem Ort sein. Um das auszugleichen, versuchen Sie vielleicht, wenigstens psychisch überall dabei zu sein. Sie sitzen also zwischen Ihren Freunden, die ihr Essen genießen und sich angeregt unterhalten, und checken auf Ihrem Handy, was all Ihre anderen Freunde so treiben. Und wie es im Club ist. So erreichen Sie am Ende genau das Gegenteil von dem, was Sie wollten: Anstatt überall dabei zu sein, sind Sie es nirgends.

Glück, da sind sich die Forscher mittlerweile einig, entsteht auch dadurch, dass man körperlich und geistig anwesend ist und die Gegenwart genießt. Da ist sie also wieder, unsere Achtsamkeit. Oder anders gesagt: Genießen Sie eine Party richtig, anstatt sich darüber zu ärgern, dass Sie nicht bei der anderen sein können.

Das ist einfacher gesagt, als getan. Wie kommen Sie also gegen Ihre FOMO an? Indem Sie konsequent auf Nachforschungen verzichten. Was man nicht weiß, macht einen auch nicht heiß, oder? Lassen Sie das Handy beim Kochabend zu Hause, oder stellen Sie es zumindest aus.

Treffen Sie Entscheidungen schnell und aus dem Bauch heraus und verbieten Sie es sich, diese Entscheidung im Nachhinein infrage zu stellen. Üben Sie, den Augenblick zu genießen.

INFORMATIONSDIÄT

Praxistipps

Sie haben zu viel gegessen, also verordnen Sie sich eine Diät. Weniger essen, bewusster essen, dem Körper die Chance geben, sich wieder auf ein normales Gewicht einzupendeln. Ob Sie eine normale Diät brauchen, erkennen Sie ziemlich schnell. Aber sind Sie auch schon mal auf die Idee gekommen, Ihrem Geist eine Diät zu gönnen?

Wir stopfen jeden Tag so viele Informationen in uns hinein, dass unser Gehirn kaum mitkommt. Wenn Sie sich ein ausgiebiges Essen gönnen, verspüren Sie danach vielleicht ein Zwicken im Bauch. Sie können nicht schlafen, weil Ihre Verdauungsorgane auf Hochtouren arbeiten. Sie wissen, dass Sie Ihrem Körper zu viel zugemutet haben. Sie nehmen zu und werden schwerfällig.

INFORMATIONEN MÜSSEN VERDAUT WERDEN

Wenn Sie zu viele Informationen aufnehmen, passiert etwas Ähnliches: Ihnen schwirrt der Kopf. Sie können nicht einschlafen, weil Ihnen so viele unverarbeitete Gedanken durch den Kopf jagen. Auch Ihr Geist wird schwerfällig und nimmt irgendwann nichts mehr richtig auf. Deshalb sollten Sie Informationen ebenso wie Kalorien mit Bedacht und in Maßen konsumieren.

Identifizieren Sie Informationsquellen, die Sie häufig nutzen
⭐ Versuchen Sie, diese zu reduzieren. Beispielsweise könnten Sie morgens nur noch die Zeitung lesen, anstatt noch zusätzlich eine Nachrichten-App auf dem Smartphone zu durchforsten.

Bleiben Sie öfter offline

⭐ Verbannen Sie zum Beispiel das Handy aus dem Schlafzimmer. Wenn Sie es als Wecker nutzen, schalten Sie es zumindest auf Flugmodus.

Keine Informationen als Zeitvertreib

⭐ Suchen Sie sich für die vielen kleinen Momente Leerlauf am Tag eine andere Betätigung als die Informationsaufnahme. Machen Sie ein paar Kraftübungen, kritzeln Sie etwas in Ihr Notizbuch, machen Sie ein Foto, hören Sie ein Lied, trinken Sie ein Glas Wasser, meditieren Sie kurz, gießen Sie die Zimmerpflanzen – Hauptsache Sie greifen nicht sofort zum Handy oder schalten den Fernseher oder das Radio ein.

Schotten Sie sich für einen Tag von der Umwelt ab

⭐ Nehmen Sie dafür zum Beispiel einen Sonntag. An diesem Tag bleiben alle Bildschirme ausgeschaltet, Sie lesen weder Zeitung noch hören Sie Radio. Wenn Sie richtig extrem sein wollen, verbieten Sie sich für diesen Tag auch Bücher und sonstigen Lesestoff. Nehmen Sie diese Erfahrung bewusst wahr und lernen Sie von sich selbst.

Sie müssen nicht zu allem eine Meinung haben

⭐ Viele Menschen begründen ihren Nachrichten- und Informationskonsum damit, dass sie in Gesellschaft gerne mitreden möchten. Dafür muss man besonders bei den tagesaktuellen Dingen auf dem neuesten Stand sein. Sie hetzen also ständig neuen Informationen hinterher. Natürlich sollen Sie ein mündiger und gebildeter Bürger sein, aber müssen Sie wirklich zu allen Sachen eine Meinung haben? Nein. Es darf Ihnen auch ruhig einmal piepegal sein, wenn sich ein Popstar daneben benimmt oder die Mexikaner mal wieder einen Drogenboss jagen. Viele Sachen betreffen Sie nicht und ändern können Sie sie auch nicht, warum sich also darüber den Kopf zerbrechen? Und wenn eine Information doch wichtig für Sie ist, wird sie Sie schon erreichen.

SCHLECHTE GEWOHNHEITEN LOSLASSEN

Jedes Lebewesen strebt danach, Schmerzen und Leid zu vermeiden und stattdessen Lust zu erfahren. Diese beiden Pole – Leid und Lust – leiten unser Handeln. Nicht immer ist das, was wir aus diesen Gründen tun, gut für uns selbst. Besonders schlechte Gewohnheiten können uns das Leben ganz schön schwer machen. Denn je öfter man etwas wiederholt, desto eher greifen wir auf diese Handlung zurück.

THEORETISCH WISSEN WIR, WAS GUT FÜR UNS IST

Wir kennen unsere schlechten Gewohnheiten meistens sehr gut. Schließlich wissen wir ja theoretisch, was gut für uns ist und was nicht. Doch auch schlechte Gewohnheiten sind gut für uns, sonst würden wir sie nicht immer wieder ausführen. Sie dienen nämlich dazu, Schmerz zu vermeiden oder Lust zu gewinnen.

Betrachten Sie Ihre Gewohnheiten also mal aus diesem Blickwinkel. Was bringen sie Ihnen? Was hoffen Sie, damit zu erreichen oder zu vermeiden?

Vielleicht stört es Sie, dass Sie zu viele Süßigkeiten essen. Dann beobachten Sie sich mal genau mit der Frage, wann Sie diese verzehren und aus welchem Grund. Ist der Pudding als Nachtisch eine Möglichkeit für Sie, den Genuss des Essens noch ein wenig hinauszuzögern? Belohnen Sie sich in Arbeitspausen mit Schokolade? Greifen Sie zu Gummibärchen und Keksen, wenn Sie traurig sind? Vielleicht stört es Sie auch, dass Sie zu viel fernsehen. Wann greifen Sie denn zur Fernbedienung und warum? Abends, wenn Sie erschöpft sind und nicht länger über den Tag nachdenken wollen? Wenn Sie alleine sind und sich nach Gesellschaft sehnen?

GEWOHNHEITEN SIND HARTNÄCKIG

Im Grunde sind Gewohnheiten also immer ein Werkzeug, um uns besser zu fühlen. Dummerweise haben einige von ihnen negative Nebenwirkungen. Gewohnheiten loszulassen, ist nicht einfach. Denn da wir sie schon so oft und mit so viel Erfolg wiederholt haben, sind sie fest in unser Gehirn eingebrannt. Und was da einmal drin ist, geht nur schwer wieder hinaus.

Anstatt eine schlechte Gewohnheit zu vermeiden, versuchen Sie lieber, sie durch eine gute neue Gewohnheit zu verdrängen.

Merken Sie beispielsweise, dass Sie ins Grübeln verfallen und den Fernseher einschalten wollen, gehen Sie eine Runde an die frische Luft. Wollen Sie sich belohnen, lassen Sie die Schokolade links liegen, und üben Sie besser ein paar Minuten eines Ihrer liebsten Hobbies aus, oder rufen Sie einen lieben Menschen an.

Kleine Gewohnheiten lassen sich schneller und fester etablieren als große.

Stephen Guise rät in seinem Buch *Mini-Habits* sogar dazu, mit lächerlich kleinen Gewohnheiten zu beginnen. Wollen Sie beispielsweise fitter werden, nehmen Sie sich vor, jeden Tag nur eine Liegestütze zu machen. Das ist so einfach, dass Sie gar nicht versagen können. Vielleicht absolvieren Sie wirklich bloß die eine Liegestütze nur, um Ihr Soll zu erfüllen. Vielleicht bekommen Sie dadurch aber auch Lust, weiterzutrainieren. Das Erfolgs-

erlebnis jedenfalls ist Ihnen gewiss und hält Ihre Motivation hoch.

So können Sie auch schlechte Gewohnheiten nach und nach verschwinden lassen. Verzichten Sie auf das eine Stück Schokolade am Nachmittag oder schalten Sie den Fernseher abends zehn Minuten später an. Es dauert zwar, aber so sind Sie auf dem besten Weg, der Mensch zu werden, der Sie gerne sein möchten.

Gewohnheiten sind ein Werkzeug, um Schmerz und Leid zu vermeiden oder Lust zu erzeugen. Beobachten Sie Ihre Gewohnheiten – die schlechten wie die guten. Welche Mängel sollen sie beheben?
Es ist einfacher, neue Gewohnheiten zu etablieren als alte aufzugeben. Bei beidem gilt: Je kleiner und einfacher die Veränderung, desto sicherer ist der Erfolg. Fangen Sie mit etwas an, das so einfach ist, dass Sie gar nicht versagen können. Was zählt ist, dass Sie durchhalten.

DREI GEWOHNHEITEN, DIE ICH ÄNDERN MÖCHTE

Nun wissen Sie also, was hinter Ihren schlechten Gewohnheiten steckt. Jetzt brauchen Sie nur noch einen Plan, wie Sie diese am besten loslassen beziehungsweise ersetzen können. Nutzen Sie dafür diese beiden Seiten.

Wichtig ist, dass Sie die Veränderung so klein wie möglich halten und sich nicht überfordern.

Geben Sie sich Zeit und beginnen Sie zunächst damit, nur eine schlechte Gewohnheit zu verändern. Erst wenn Sie sich mit der Veränderung einigermaßen sicher fühlen, gehen Sie die nächste Gewohnheit an. Ihre oberste Priorität sollte sein, die neue Gewohnheit wirklich jeden Tag auszuführen. Wenn Ihnen das schwerfällt, ist die Veränderung noch zu groß, und Sie sollten sie noch einmal verkleinern.

GEWOHNHEIT NUMMER 1

1. Welche Gewohnheit stört Sie?

_____

2. Welches Bedürfnis steckt dahinter? Welche Funktion hat die schlechte Gewohnheit für Sie?

_____

3. Durch welche bessere Gewohnheit möchten Sie sie ersetzen? Diese neue gute Gewohnheit sollte dieselbe Funktion erfüllen wie die schlechte.

_____

4. Wie möchten Sie sie loslassen? Haben Sie eine Veränderung gefunden, vereinfachen Sie sie noch einmal.

_____

5. Versprechen Sie sich selbst, die neue Gewohnheit jeden Tag auszuführen.

GEWOHNHEIT NUMMER 2

1. Welche Gewohnheit stört Sie?

_____

*2. Welches Bedürfnis steckt dahinter?
Welche Funktion hat die schlechte
Gewohnheit für Sie?*

_____

*3. Durch welche bessere Gewohnheit
möchten Sie sie ersetzen? Diese neue gute
Gewohnheit sollte dieselbe Funktion
erfüllen wie die schlechte.*

_____

*4. Wie möchten Sie sie loslassen? Haben
Sie eine Veränderung gefunden, vereinfachen Sie sie noch einmal.*

_____

_____

*5. Versprechen Sie sich selbst, die neue
Gewohnheit jeden Tag auszuführen.*

GEWOHNHEIT NUMMER 3

1. Welche Gewohnheit stört Sie?

_____

*2. Welches Bedürfnis steckt dahinter?
Welche Funktion hat die schlechte
Gewohnheit für Sie?*

_____

*3. Durch welche bessere Gewohnheit
möchten Sie sie ersetzen? Diese neue gute
Gewohnheit sollte dieselbe Funktion
erfüllen wie die schlechte.*

_____

*4. Wie möchten Sie sie loslassen? Haben
Sie eine Veränderung gefunden, vereinfachen Sie sie noch einmal.*

_____

_____

*5. Versprechen Sie sich selbst, die neue
Gewohnheit jeden Tag auszuführen.*

LOSLASSEN FÜR PROFIS: VERZEIHEN

Am schwierigsten fällt uns das Loslassen weder bei unseren Lieblingspullis noch bei hartnäckigen Gewohnheiten, sondern bei alten Verletzungen, Groll und manchmal dem Hass auf uns selbst. Diese Dinge können wie ein Schatten über unserem Leben liegen und uns alle Freude nehmen. Sie haben jetzt bereits ein wenig Übung im Loslassen. Sie wissen, was es damit auf sich hat, warum es so wichtig ist, wie es funktioniert und wie Sie es üben können. Nutzen Sie nun all Ihre Kenntnisse, um sich Ihren inneren Dämonen zu stellen und sich und anderen zu verzeihen.

Verletzung jahrelang mit uns herum. Wir können einfach nicht verzeihen und merken dabei nicht, dass wir damit uns selbst am meisten schaden.

> *Nicht verzeihen zu können bedeutet, weiter an der Erinnerung und damit am Schmerz festzuhalten. Sie zwingen sich selbst, nicht zu vergessen. Erst das Loslassen in Form des Verzeihens gibt der Verletzung die Möglichkeit, zu heilen.*

ANDEREN VERZEIHEN

Im Laufe des Lebens begegnet jeder irgendwann einmal einem Menschen, der ihn verletzt. Sei es der Ex-Partner, der Sie verlassen hat, die beste Freundin, die hinter Ihrem Rücken über Sie lästert, oder das Elternteil, das Ihnen das Gefühl gegeben hat, ein Versager zu sein. Wir öffnen diesem Menschen unser Herz, zeigen uns verletzlich und werden mit Schmerz belohnt. Oft tragen wir diese

Beim Umgang mit anderen Menschen hilft es oft, sich in das Gegenüber hineinzuversetzen. Jeder Mensch handelt so, wie es ihm oder ihr in diesem Moment am besten erscheint. Natürlich gibt es immer wieder besonders böse Exemplare der Gattung Homo Sapiens, die anderen Menschen wehtun wollen. Aber auch diese Menschen haben ihren eigenen Antrieb. Das soll ihre Taten nicht verharmlosen oder entschuldigen. *Es soll*

Ihnen nur zeigen, dass Sie einen Menschen erst verstehen können, wenn Sie versuchen, sich in ihn hineinzuversetzen.

Die Person, die Ihnen wehgetan hat, hatte ihre Gründe. Fragen Sie sich, welche das waren. Ihr Ex-Partner hatte vielleicht einfach keine Gefühle mehr für Sie, die Freundin wollte sich womöglich vor anderen profilieren, und Ihre Eltern leiden möglicherweise selbst unter Minderwertigkeitskomplexen. Ich wette, dass auch Sie schon einmal jemandem wehgetan haben, ohne das zu wollen.
Ist Ihr Groll angesichts dieses Gedankenspiels noch immer so stark? Oder merken Sie, wie er langsam weniger wird?

Spülen Sie Ihren alten Groll die Toilette runter!

Wenn das nicht funktioniert, versuchen Sie es doch mal mit Symbolik. Schreiben Sie die Erinnerungen, die Sie so quälen, nieder. Lassen Sie sich ganz in die Situation fallen: Was genau hat Sie so verletzt? Wie haben Sie sich damals gefühlt? Wie fühlen Sie sich heute? Lassen Sie Ihre Gefühle den Text schreiben.
Nun haben Sie Ihren Groll vor sich liegen. Sie können das Papier anfassen. Was wollen Sie damit tun? Wollen Sie es einrahmen, sodass Sie es immer sehen

und lesen können? Wollen Sie es aufbewahren wie einen Schatz? Nein? Aber genau das haben Sie doch die ganzen Jahre über getan! Sie können das Blatt Papier aber auch zerreißen, verbrennen, in der Toilette runterspülen oder durch den Schredder jagen. Spüren Sie, wie sich Ihr Schmerz mit dem Papier auflöst.

SICH SELBST VERZEIHEN

Oft sind wir selbst unsere schlimmsten Kritiker. Wir beschimpfen uns, putzen uns herunter, nörgeln ständig an uns herum und belegen uns mit Schimpfwörtern. Einer anderen Person würden wir niemals erlauben, so mit uns umzugehen, wie wir es selbst täglich tun!
Deshalb fällt es uns auch so schwer, uns Dinge zu verzeihen. Besonders, wenn es um nicht erfüllte Wünsche und Träume geht. Denn wie uns unsere Leistungsgesellschaft ständig suggeriert, können wir alles haben, tun und sein, wenn wir es nur stark genug wollen und bereit sind, uns so richtig den Allerwertesten dafür aufzureißen.

Nun hatten Sie vielleicht in Ihrer Jugend eine Vorstellung vom Verlauf Ihres Lebens, der sich so nicht erfüllt hat. Dafür, dass aus Ihren Träumen nichts geworden ist, geben Sie sich selbst die Schuld. Vielleicht haben Sie davon geträumt, den Mann Ihres Lebens zu finden und mit ihm eine Familie zu gründen. Ein unschuldiger, normaler, ja fast banaler Lebenstraum, den viele Menschen hegen. Doch nun müssen Sie erkennen, dass daraus nichts mehr wird. Es ist zu spät. Allzu leicht suchen Sie nun den Fehler bei sich. Hätten Sie doch weniger gearbeitet, dann hätten Ihre Beziehungen länger gehalten. Hätten Sie doch früher mal zehn Kilo abgenommen, dann wären vielleicht mehr Männer auf Sie aufmerksam geworden. Hätten Sie doch kochen gelernt, wären Sie doch witziger gewesen, hätten Sie doch öfter mal nachgegeben, anstatt immer auf Ihrer Meinung zu beharren …

Ihr Traum war es immer, als Fußballer Karriere zu machen. Talent hat man bei Ihnen schon früh entdeckt, aber dann sind Sie in Ihrer Jugend lieber mit Ihren Kumpels um die Häuser gezogen, anstatt zu trainieren. Das Angebot aus dem Ausland haben Sie der Liebe wegen abgelehnt. Und schließlich fehlt Ihnen der Mut, sich ganz und gar Ihrem Traum zu verschreiben, und Sie haben stattdessen ein Lehramtsstudium begonnen.

So lange Sie an Ihren Selbstvorwürfen und Ihrer Reue festhalten, bleibt das Leben für Sie stehen.

Ihr selbstverursachter Schmerz und der Hass auf sich selbst kontrollieren Ihre Gedanken womöglich so stark, dass Sie für die Schönheit Ihres jetzigen Lebens blind werden. Sie können den Augenblick nicht genießen, keine Dankbarkeit empfinden und verpassen womöglich gute Gelegenheiten. »Was wäre, wenn …« und »Hätte ich doch …« sind Sätze, die Sie an die Vergangenheit ketten.

Wie kommen Sie da heraus? Auf dieselbe Art, wie Sie anderen verzeihen. Machen Sie sich klar, dass Sie damals nach bestem Wissen und Gewissen gehandelt haben. Dass Ihnen Ihre Arbeit wichtiger war als der Kochkurs oder die Diät, oder dass Sie sich nicht von Ihrer Freundin trennen wollten, um ins Ausland zu gehen, waren damals die für Sie richtigen Entscheidungen. Rückblickend würden Sie vielleicht alles anders machen, aber heute ist man immer schlauer als gestern. Sie sind nicht mehr die Person von damals.

Versuchen Sie,
Ihrem vergangenen Ich
zu verzeihen.

Sicher hilft es Ihnen auch hier, Ihren Schmerz zu Papier zu bringen und diesen dann symbolisch zu vernichten. Versuchen Sie außerdem, die ewigen Selbstgespräche in Ihrem Kopf abzuschalten. Statt Vorwürfe könnten Sie sich selbst doch mal mit einem Lob belohnen. Seien Sie gut zu sich und lernen Sie so wieder, sich zu vertrauen.

Wenn Sie sich mit Ihren unerfüllten Träumen und Wünschen auseinandersetzen, werden Sie auch sehen, dass vieles nicht in Ihrer Macht lag. Ob man den Traumpartner findet oder nicht, ist oft Glückssache. Ebenso reicht Talent nicht aus, um ein Fußballstar zu werden. Man benötigt auch die richtigen Kontakte und vor allem günstige Gelegenheiten. Nur selten haben wir wirklich die Kontrolle über unser Leben, sehr oft wird es einfach vom Glück gesteuert. Dass Ihre Träume und Wünsche also nicht in Erfüllung gegangen sind, ist nicht zwangsläufig Ihre Schuld. Erlauben Sie sich, die Verantwortung für Ihr Leben ein Stück weit abzugeben. Das bedeutet, dass Sie akzeptieren, was war, die Augen aber nicht für neue Chancen verschließen.

Wahrscheinlich haben Sie noch einige oder sogar noch sehr viele Lebensjahre vor sich. Lassen Sie sich also von Ihrem Groll auf andere Menschen oder auf sich selbst nicht zurückhalten. Jeder Moment kann ein Wunder sein. Lassen Sie ihn nicht an sich vorbeiziehen!

DIE SECHS SÄULEN EINES LEICHTEREN LEBENS

1

Setzen Sie Prioritäten

Fragen Sie sich immer wieder, was Ihnen wirklich wichtig ist. Womit möchten Sie Ihre kostbare Lebenszeit verbringen? Trauen Sie sich, Dinge, Verpflichtungen und Beziehungen loszulassen, die nicht Ihren Prioritäten und Werten entsprechen.

2

Akzeptieren Sie,
was Sie nicht ändern können

Verschwenden Sie Ihre Energie und Zeit nicht damit, gegen Windmühlen anzukämpfen. Erkennen Sie, wann es in Ihrer Macht liegt, etwas zu ändern, und wann nicht. Nehmen Sie die Dinge, die Sie nicht ändern können, an, und konzentrieren Sie Ihre Kraft auf das, worüber Sie die Kontrolle haben.

3

Geben Sie Veränderungen ihre Zeit

»Das Gras wächst nicht schneller, wenn man daran zieht.« Halten Sie sich dieses afrikanische Sprichwort vor Augen, wenn Sie mal wieder alles auf einmal wollen, und das bitteschön sofort. Veränderungen brauchen ihre Zeit. Auch die Fähigkeit, loszulassen, lernen Sie nicht von heute auf morgen. Üben Sie sich in Geduld und Gelassenheit, so erreichen Sie Ihre Ziele viel sicherer, als wenn Sie es eilig haben.

4

Konzentrieren Sie sich auf das Wesentliche

Aufmerksamkeit ist ein kostbares und heutzutage auch seltenes Gut. Wir lassen uns ständig ablenken und verlieren so schnell das aus den Augen, was wirklich für uns zählt. Kennen Sie Ihre Prioritäten? Dann sorgen Sie auch dafür, dass diese die Aufmerksamkeit bekommen, die sie verdienen.

5

Sagen Sie Nein, wenn Sie Nein meinen

Das Wörtchen Nein ist eine Wunderwaffe. Es hilft Ihnen dabei, sich all die Dinge vom Leib zu halten, die Ihnen nichts nützen und Sie nicht glücklicher machen. Ein Nein setzt Grenzen, es ist klar und eindeutig. Wollen Sie loslassen? Dann üben Sie, Nein zu sagen.

6

Verzeihen Sie sich selbst und anderen

Alte Verletzungen und Hass sind der schwerste Ballast, den Sie mit sich herumschleppen können. Und das Schlimmste: Sie müssen ihn ganz alleine tragen! Geben Sie sich selbst die Erlaubnis, diesen Ballast loszulassen, indem Sie anderen Menschen und vor allem auch sich selbst verzeihen. Legen Sie die Maßstäbe an sich selbst und Ihren Mitmenschen nicht zu hoch an. Wir sind alle fehlerhafte Wesen und werden nie so sein oder handeln, wie wir das erwarten.

MACHEN SIE SICH FREI VON ALLEM, WAS SIE BESITZT

Hollywoodfilme gelten allgemein nicht als die besten Lebensratgeber. Trotzdem möchte ich an dieser Stelle aus einem Film der amerikanischen Traumfabrik zitieren, und zwar aus »Fight Club«. Hauptfigur Tyler Durden, gespielt von Brad Pitt, spielt darin einen ziemlich brutalen Typen. Brutal im eigentlichen Sinne, aber auch brutal ehrlich. In einer Szene sagt er zu seinem namenlosen Gegenüber, der von Edward Norton verkörpert wird und gerade alle seine Habseligkeiten bei einem Wohnungsbrand verloren hat, folgenden Satz:

»Alles, was du besitzt, besitzt irgendwann dich.«

Eine Aussage, die nachdenklich macht und wohl deshalb so oft zitiert wird.

WECHSELSEITIGE BEZIEHUNGEN

Wer sich einmal Sorgen gemacht hat, dass das Auto geklaut wird, oder vor dem Verlassen des Hauses alle Fenster und den Herd zweimal checkt, kann Tyler Durden da sicherlich zustimmen: Unsere Besitztümer sind selten stille Diener, deren Anwesenheit uns nur dann bewusst wird, wenn wir sie brauchen. Viel öfter sind sie eher wie kleine Kinder: Sie benötigen ständig unsere Aufmerksamkeit. So seltsam das klingen mag, aber wir gehen mit unseren Besitztümern Beziehungen ein. Wir sorgen und kümmern uns um sie, schenken ihnen unsere Zeit und machen unser Wohlbefinden davon abhängig, wie viele Gegenstände wir unser eigen nennen und in welchem Zustand diese sich befinden. Die Beziehungen zu unseren Besitztümern verändern uns.

Legen Sie Ihr wahres Ich frei!

Das Fight-Club-Zitat lässt sich auch erweitern. Was wäre, wenn wir »besitzen« nicht nur auf Gegenstände beziehen, sondern auf alles, was uns beschäftigt? Auf alles, an das wir uns klammern? Auf alles, dem wir eine Bedeutung geben? All die Gedanken, Glaubenssätze, Erinnerungen, Träume, Ängste, Verpflichtungen,

»Am Ende zählen nur drei Dinge: Wie gut haben wir gelebt.
Wie gut haben wir geliebt. Wie gut haben wir loslassen gelernt.«

Jack Kornfield

Beziehungen, Gewohnheiten, Zwänge, Ablenkungen, Interessen, Sehnsüchte und Erwartungen, von denen wir uns leiten lassen – irgendwann besitzen sie uns. Was passiert nun, wenn Sie beschließen, einiges davon loszulassen? Sie werden frei. Sie werden mehr Sie selbst. Das Mosaik aus Bedeutungen, hinter dem Sie sich bisher versteckt haben, bröckelt, und dahinter kommt Ihr wahres Ich zum Vorschein. Vielleicht entdecken Sie dort einen ganz unbekannten Menschen. Plötzlich sind Sie keine Marionette mehr. Sie nehmen die Fäden selbst in die Hand.

LOSLASSEN ERFORDERT MUT

Ich habe es in diesem Buch immer wieder erwähnt: Loslassen erfordert Mut. Es ist ein Schritt ins Unbekannte. Ein Fall in eine dunkle Röhre, wie im Fall meiner Schwimmbad-Erfahrung. Niemand kann Ihnen sagen, was passiert, wenn Sie sich lösen.

»Ich weiß nicht, ob es besser wird, wenn es anders wird. Aber es muss anders werden, wenn es besser werden soll«, sagte der Experimentalphysiker Georg Christoph Lichtenberg (1742–1799) seinerzeit.

Veränderung ist immer schwer. Wir klammern uns gerne an das Bekannte. Doch das bringt nichts, denn das Leben, die ganze Welt bewegt sich ständig. Lassen Sie also los, was auch immer Sie belastet, und genießen Sie die grenzenlose Freiheit, die sich Ihnen damit bietet.

Zum Abschied wünsche ich Ihnen den Mut, loszulassen. Den Mut, sich ins Leben zu stürzen und darauf zu vertrauen, dass Sie aufgefangen werden.

SIE HABEN NUR EIN LEBEN. GENIESSEN SIE ES!

ZUM WEITERLESEN

Weitere Bücher von mir, die Ihnen gefallen könnten

Mester, Pia: *Minimalismus. Weniger besitzen mehr leben.* CreateSpace Independent Publishing Platform 2015

Mester, Pia: *Minimalismus trifft Kleidung. In 4 Wochen zum Kleiderschrank voller Lieblingsstücke.* CreateSpace Independent Publishing Platform 2015

Mester, Pia: *100 Tipps, die das Leben einfacher machen.* CreateSpace Independent Publishing Platform 2014

Lesetipps aus meinem Bücherregal

Babauta, Leo: *Weniger bringt mehr: Die Kunst, sich auf das Wesentliche zu beschränken.* Riemann Verlag 2009

Dobelli, Rolf: *Die Kunst des klaren Denkens: 52 Denkfehler, die Sie besser anderen überlassen.* Deutscher Taschenbuch Verlag 2014

Dobelli, Rolf: *Die Kunst des klugen Handelns: 52 Irrwege, die Sie besser anderen überlassen.* Deutscher Taschenbuch Verlag 2014

Fletcher, Adam: *Wir können auch anders: Wie man falsche Jobs gegen echtes Glück eintauscht.* C.H. Beck 2015

Guise, Stephen: *Viel besser als gute Vorsätze: Wie Sie mit Mini-Gewohnheiten Maxi-Erfolge erleben.* VAK 2015

Kingston, Karen: *Feng Shui gegen das Gerümpel des Alltags: Richtig ausmisten – Gerümpelfrei bleiben.* Rowohlt Taschenbuch Verlag 2015

Kondo, Marie: *Magic Cleaning: Wie richtiges Aufräumen Ihr Leben verändert.* Rowohlt Taschenbuch Verlag 2013

Küstenmacher, Werner Tiki und Seiwert, Lothar J.: *simplify your life: Einfacher und glücklicher leben.* Campus Verlag 2004

Long, Aljoscha und Schweppe, Ronald: *Die 7 Geheimnisse der Schildkröte. Den Alltag entschleunigen, das Leben entdecken.* Heyne Verlag 2010

Parkin, John C.: *Fuck It! Loslassen – Entspannen – Glücklich sein.* Ariston 2015

Tödter, Regina: *Buddha räumt auf: Wie man mit weniger glücklich wird.* Südwest Verlag 2015

Ware, Bronnie: *5 Dinge, die Sterbende am meisten bereuen: Einsichten, die Ihr Leben verändern werden.* Goldmann Verlag 2015

Watzlawick, Paul: *Anleitung zum Unglücklichsein.* Piper Taschenbuch 2009

Empfehlenswerte Webseiten

www.zenhabits.net
Simple-Living-Legende Leo Babauta
schreibt hier über Achtsamkeit, Verhal-
tensänderung und Minimalismus. Deut-
sche Übersetzungen seiner Texte finden
Sie auf www.zenmonkey.de.

www.mymonk.de
Inspirierende Texte zu den Themen
Gelassenheit, Persönlichkeitsentwicklung
und Selbstverwirklichung.

Webseite der Autorin
www.malmini.de

BILDNACHWEIS

Alle Illustrationen in diesem Buch stammen von Martina Frank, München,
mit Ausnahme von S. 28: Shutterstock / Sharpner und S. 17: Shutterstock / Pavlenko
Alle Fotos: Shutterstock; vordere Klappe: Crazystocker; S. 17: Sofiaworld; S. 20/21: Masson;
S. 50/51: Sutasinee Anukul; S. 76/77: jakkapan; Hintergrundmotive: Shutterstock/Elmiral

QUELLENNACHWEIS

Die Zitate aus diesem Buch stammen aus folgenden Quellen:
Vordere Klappe: genaue Herkunft ungeklärt; S. 20/21: Ajahn Chah, buddhistischer Mönch und Meditationslehrer, genaue Herkunft ungeklärt; S. 50/51: William Morris, britischer Maler, Architekt, Drucker, genaue
Herkunft ungeklärt; S. 76/77: Gotthold Ephraim Lessing, deutscher Dichter und Dramatiker,
aus seinem Gedicht »Die große Welt« in *Sämtliche Gedichte*. Philipp Reclam jun., 1987; S. 93: Jack Kornfield,
amerikanischer Meditationslehrer, aus seinem Blog www.jackkornfield.com. Leider ist es nicht in allen Fällen
gelungen, die Fundstelle ausfindig zu machen. Der Verlag bitte ggf. um Nachricht, damit bei einer
Nachauflage eine korrekte Quellenangabe erfolgen kann.

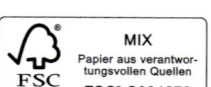

© 2016 Scorpio Verlag GmbH & Co. KG, München
Umschlaggestaltung und Layout:
Favoritbuero, München
Umschlagmotiv: Shutterstock/fotohunter
Satz: Nadine Clemens, München
Lektorat: Diana Napolitano
Projektleitung: Heike Mayer
Druck und Bindung: Print Consult, München
ISBN 978-3-95803-076-3

Alle Rechte vorbehalten

Liebe Leserin, lieber Leser,
leicht geht's besser: Mit unserer Reihe *Leichter leben*
möchten wir Sie zu einem neuen Lebensgefühl
inspirieren und bei Veränderungsprozessen unter-
stützen. Alle Inhalte wurden gewissenhaft erstellt
und sorgfältig geprüft, die Übungsanleitungen und
Vorschläge haben sich in der Praxis bewährt.
Danke, dass Sie in eigener Verantwortung prüfen,
inwieweit Sie die Anregungen umsetzen möchten.
Eine Haftung für die Resultate vonseiten der Autoren
bzw. des Verlags und seiner Beauftragten ist
ausgeschlossen.

Mehr über unsere Bücher:
www.scorpio-verlag.de